有趣又好读的
投资理财学

刘 雯 ◎ 著

孔學堂書局

图书在版编目（CIP）数据

有趣又好读的投资理财学 / 刘雯著 . -- 贵阳 : 孔学堂书局 , 2025.3. -- ISBN 978-7-80770-679-3

Ⅰ . F830.59

中国国家版本馆 CIP 数据核字第 20256NC232 号

有趣又好读的投资理财学　刘　雯　著
YOUQU YOU HAODU DE TOUZILICAI XUE

责任编辑：	胡　馨
特约编辑：	石胜利
封面设计：	出壳设计
版式设计：	陈永超

出版发行	贵州日报当代融媒体集团 孔学堂书局
地　　址	贵阳市乌当区大坡路26号
印　　刷	三河市航远印刷有限公司
开　　本	710mm×1000mm　1/16
字　　数	198千字
印　　张	15.25
版　　次	2025年3月第1版
印　　次	2025年3月第1次印刷
书　　号	ISBN 978-7-80770-679-3
定　　价	58.00元

版权所有・翻印必究

前言

现实生活中，我们经常看到这样一些现象：

有的人忙忙碌碌，加班加点地辛苦工作，结果到了年底什么都没积攒下来。有的人没有那么辛苦，他们活得轻松快乐，年底却获得很多节余，令人羡慕。

为什么会出现这一现象呢？

归根结底，其根源在于：

会不会理财。

那些善于投资理财的人，使自己的财富不断增值。

而那些根本不懂理财的人，总是捉襟见肘，口袋丝毫没有变鼓起来。

巴菲特曾说："一个人一生能够积累多少财富，不是取决于你能够赚多少钱，而是取决于你是否能够投资理财。钱找钱胜过人找钱，要懂得让钱为你工作，而不是你为钱工作。"

俗话说："你不理财，财不理你！"无论你是有钱还是没钱；无论你是富有的投资者还是贫穷的打工族；无论你是正在求学的学子，还是初入社会的上班族；无论你是年轻的企业家，还是成家立业的普通人；无论你正面临子女升学的教育压力，还是面临退休养老，你都需要建立健康的理财观念和掌握正确的科学投资理财方法。

我们理财，理的是这一生的财富，而不是只在这个月或这一段时间内做投资理财。很多人并没有意识到树立终身理财意识的重要性。就好比我们都出生在这个经济繁荣的时代，有些人已经在理财的路上跑了很远，而你却还没有苏醒过来。

当今社会，无论是谁，都不能输在理财的起跑线上。你应该为"投资理财"这四个字奔跑起来了！

如果你是穷人，即使你每个月只能拿出100元钱去投资理财，那么60年后，你一定也可以积累一笔可观的财富。所以，投资理财一定要先行，越早理财越好。早一天理财，早一天受益！

但是，并不是每个人都能够先天成为投资理财高手。我们要想成为投资理财高手，就需要学习多方面的投资理财知识，从而培养自己的投资理财技能。

本书的目的就是带领大家走进投资理财的世界。通过阅读此书，大家可以学习投资理财的方法，解决投资理财过程中产生的问题。

本书集趣味性、知识性、实用性和故事性于一体，力求做到深入浅出，通俗易懂。每节开篇均以幽默故事入手，用简洁、轻松的语言，为读者讲解各种复杂深奥、晦涩难懂的投资理财知识和专业术语，并引用案例，紧扣开篇故事讲解投资理财知识点，让读者在轻松阅读中，能深刻理解并熟练掌握储蓄、基金、股票、保险、黄金、外汇、债券等各种理财产品的知识和投资技巧，方法实用，指导性强。每节结尾还结合日常投资理财的实践应用，总结了一些相关的投资理财技巧和操作方法。

前　言

本书讲解的投资理财真实案例、投资知识和理财技巧能够让读者一看就懂，一学就会。

如果你正为不知道如何进行投资理财而发愁，可以翻开本书。

如果你希望系统地学习投资理财知识和操作技巧，但又畏惧枯燥的概念和深奥的术语，那么本书可以让你在阅读幽默故事中轻松提高投资理财水平。

如果你需要通过投资理财改变家中的经济现状，却又是投资理财市场方面的"小白"，那么本书可以帮助你。

希望这本《有趣又好读的投资理财学》，可以让你在轻松阅读中收获理财的快乐！

目录

第一章

投资理财的正确思路

第一节	投资的原始积累：撑不起来的旗袍	002
第二节	"以小博大"法则：孕妇的肚子	008
第三节	多米诺骨牌效应：只有老婆！	013
第四节	墨菲定律："不能说家是农村的！"	018
第五节	"不熟不做"原则：半夜来敲门	023
第六节	复利法则：装不满的棋盘	027
第七节	马科维茨原理：不要在一棵树上吊死	032

第二章

积少成多的精明储蓄

第一节　攒够种子钱：勒紧裤腰带　　　　　　　　　　038

第二节　储蓄不是抠门省钱：舍不得倒油的阿花　　　　042

第三节　积少成多法则：一只搬东西的蚂蚁　　　　　　046

第四节　利益最大化：不婚的哥哥　　　　　　　　　　050

第五节　4321定律：那就把钱花光！　　　　　　　　　054

第六节　管理好你的银行卡：老公好"富有"　　　　　　058

第三章

省心地打理基金理财

第一节　专家赚钱大法：嘿，你的手指也会有油　　　　064

第二节　基金组合：妙手老板　　　　　　　　　　　　068

第三节　12580定律：驭妻之道　　　　　　　　　　　　073

第四节　三角法则：三角恋　　　　　　　　　　　　　078

第五节　养"基"关键：做好选择　　　　　　　　　　　082

第六节　规避风险：丢花盆的女友　　　　　　　　　　086

第四章

高风险与高回报的选股之路

第一节	羊群效应：仰望天空的尴尬	092
第二节	杜绝使用杠杆原理：还不完的债	097
第三节	及时止损：打车花了200元	101
第四节	市场无效性：不敢捡的钞票	105
第五节	凡勃伦效应：此裙子非彼裙子	109
第六节	"不能急"原则：小偷找不到	113

第五章

用保险建立人生的防护墙

第一节	幸福人生的保障：打断腿的收益！	118
第二节	双十定律：一定能让您终身受益	122
第三节	小心保险套路：脑袋里面进水了	126
第四节	马太效应：国王的奖励	131
第五节	避免保险误区：小宝贝！	136
第六节	准妈妈买保险：兔子先生的烦恼	141

第六章

操控稳健的债券投资

第一节	收益性原则：收益100%	146
第二节	安全性原则：忘戴眼镜的丈夫	150
第三节	流动性原则：奔跑的兔子！	154
第四节	最安全的国债：如假包换的蜥蜴儿子	158
第五节	避免债券风险：危险的公路	162
第六节	债券投资策略："聪明"的老公	167

第七章

让资产保值增值的"炒金"秘方

第一节	蘑菇定律：剩下的苦瓜	174
第二节	黄金投资四大原则：还是得交罚款	179
第三节	不同的黄金投资方案：投资各有不同！	183
第四节	投资黄金要做到四"不"：不能说的话！	188
第五节	投资黄金最佳时机：白逃啊！	193
第六节	"放长线钓大鱼"原则：也许闺密更漂亮！	198

第八章

掌握外汇这桩大买卖

第一节	处置效应：甜的我都舍不得卖	204
第二节	外汇交易五大原则：闯红灯的惩罚	208
第三节	外汇买卖制胜之道：老板的制胜之道	213
第四节	外汇保本秘籍：小李的保本之路	218
第五节	近期偏好效应："傻瓜"顾客	223
第六节	规避外汇风险：需要栏杆吗？	228

第一章
投资理财的正确思路

随着经济贸易的发展，20世纪90年代，报纸上开始出现"投资理财"这个词语，其指投资者通过对资金的合理安排，运用储蓄、债券、基金、股票、外汇等投资资产管理工具，对个人、家庭、企业事业单位的资产进行管理分配，以达到保值的目的，同时使资产快速增长。就每个人来讲，投资理财是一生的财富课题，是一种现金流量的再生和管理。每个人都需要钱，怎样才能让钱生钱？一条路：清晰地了解投资理财，方能有望实现财富增长。

第一节　投资的原始积累：撑不起来的旗袍

😊 幽默故事

小美特别喜欢旗袍。

她买来一身旗袍，满心欢喜地换上。

可是，当她站在镜子前照来照去时，总觉得哪里不对劲。

闺密小慧突然哈哈大笑："小美，你穿旗袍就像夹心饼干，还是压缩版的！"

🎤 趣味点评

穿旗袍需要好身材，可是小美的身材没有"料"却非要穿旗袍，引来闺密小慧的嘲讽，讥笑她穿旗袍的身材像"压缩夹心饼干"一样，再好看的旗袍也撑不起来。

虽然小慧的话很难听，却向我们说明了一个道理：如果一个事物缺乏原始积累，即使再好的外包装，也无法成就完美的礼物。就像再华丽的旗袍，只有身材好的人穿上才会锦上添花，没有"料"的身材怎么穿都穿不出韵味。对于投资理财来说，亦是如此。有一定的原始积累，才可以进行投资理财。如果什么都没有，连生存都成问题，还谈何投资理财？这些都说明了原始积累的重要性。

投资理财学解读

对于财富的原始积累，我们通常采用"钱生钱"原理。就像那件撑不起来的旗袍，我们需要想办法有"料"才可以华丽转身。那么，怎样才能使钱生钱呢？

约翰·戴维·洛克菲勒是洛克菲勒财团创始人，他的父亲从小就传授他赚钱的生意经。

7岁那年，小洛克菲勒在树林里玩耍时，发现了一个火鸡窝。他立马想道："如果我能够将小火鸡偷出来养大，再卖出去，一定可以大赚一笔。"

于是小洛克菲勒非常耐心地等待火鸡将小火鸡孵化出来，又在恰当的时机抱走小火鸡，将它们养在自己家的花园里。

等小火鸡长大，他便将它们卖给附近的农场主。于是，小洛克菲勒得到了他人生的第一桶金，他拥有了属于自己的财富。此后，他在经商方面展现出惊人的天赋。

他思考出一个可以快速让钱生钱的妙计：把卖火鸡的钱贷给耕地的佃农，等佃农收获庄稼后，他再连本带利收回钱财。这样一来，年仅7岁的小洛克菲勒就拥有了流动性的钱财。

小洛克菲勒的父亲是木材经营商，教给了小洛克菲勒一些关于木材生意的经验。他给小洛克菲勒安排任务，让他翻山越岭去购买成捆的木材供家里使用，并对他说："你只能选择坚硬而笔直的木材，任何朽木都不可以用。"

这让小洛克菲勒明白了一个道理：

金钱和原材料，都要用在合适的地方，"朽木"是不可取的。

一次谈话中，父亲问他："儿子，你的存钱罐里应该有点钱了吧？"

"是的，我已经存有50美元。但是，爸爸，我都贷给了附近的农民。"

父亲异常震惊，要知道，在那个年代，50美元并不是一笔小数目，他的儿子居然有这么多钱，而且还贷出去了！

儿子继续说："利息是7.5%，到了明年就可以拿到3.75美元的利息。另外，每天我都在你的农田里干活，你应该支付我每小时至少0.35美元的报酬。一会我把记账本拿给你。"

父亲几乎惊掉下巴。他万万没想到，洛克菲勒小小年纪就已经学会了驾驭钱，真是后生可畏。

通过这个故事，我们看到，洛克菲勒很小就学会了"让钱生钱"的资金原始积累。让钱生钱，就是投资的目的。并且有了原始积累，就如同有"料"的身材，穿上商业的各种"旗袍"，财富才能开出美丽的花朵。

有些人认为，投资理财是富人的专利，但是小洛克菲勒的故事告诉我们：

投资理财并不是当你成为富人时才能够开始的事，只要有正确的投资理财头脑，我们任何人都可以从零开始积累财富。

原始积累异常重要，就像小洛克菲勒，通过几只小火鸡开始了他的财富之路。这说明，只要投资有道，我们谁都可以凭借自己的聪明才智实现原始积累。

我们再来看一下"鸡生蛋，蛋生鸡"的"财富原始积累"原理，深入分析一下怎样才能使钱生钱。

比如，你有一个养鸡场，最开始你养了200只鸡，每天每只鸡下1个蛋，你会如何经营养鸡场？

一般有2种经营方法，但完全是2种不同的结果。下面我们做一个详细

第一章　投资理财的正确思路

的分析和对比：

第一种方法：

卖掉200个鸡蛋，每个鸡蛋卖1元钱，你可以净赚200元。

那么一个月赚多少钱？

200元/天 × 30天 =6000元

那10年一共可以赚多少钱？

6000元/月 × 12个月 =72000元

72000元/年 × 10年 =720000元

通过这种经营方法，大家可以看到，10年以后，这200只鸡就没办法再给主人带来收入了，因为鸡的寿命基本不到10年。

第二种方法：

还是200只鸡，一天1个蛋，1个蛋卖1元钱。200个蛋，我卖掉100个蛋，可以有100元钱。还有100个蛋，我用它来孵化小鸡。从鸡蛋孵化小鸡，再到鸡生蛋，预计需要150天，也就是说，在接下来的5个月里，每天都只卖100个蛋，留下100个蛋孵小鸡。所以，你每天只能有100元的收入。

第一个月的收入：100元/天 × 30天 =3000元

前面5个月总收入：3000元/月 × 5个月 =15000元

从第六个月第一天开始，就有300只鸡可以生蛋了。

300只鸡一天1个蛋，1个卖1元钱。

卖50%是150元，还有50%作为种蛋孵化小鸡。

那么第六个月第二天，有多少只鸡可以生蛋呢？

450只，一天有450个蛋，卖掉50%，收入是225元。

第三天，550只鸡，有550个蛋，卖掉50%收入是275元。

第四天，650只鸡，有650个蛋，卖掉50%收入是325元。

…………

如此下去，积累的结果将会变得很可怕。这就是复利和倍增的原始积累效果。

通过对比这两种方法，不难看出，第二种方法的前期收入虽然不如第一种方法多，但是随着时间的推移，后期每天的收入比第一种方法多很多。最厉害之处在于，几年之后，你将会有更多的收入，而且这种收入会一直存在，一直处于一种翻倍的增值中，这就是复利和倍增的效果，当你用有限的种子开始并且持续坚持下去时，可以得到无限的收获。

所以第一种方法只是获得了现金流，而第二种方法就是让"钱生钱"，从而实现原始积累，启动投资理财，建立财富，并且这种钱是一直在流动的。

总之，在投资理财的过程中，我们一定要坚定建立原始积累的决心和信心，即使只有一分钱，也可以开始原始积累。如果没有开始原始积累，就像没有身材的人穿上华丽的旗袍，撑不起来。一定要坚信金钱是可以繁殖的，并且将这种观念深深地植入心中，开启财富之门的智慧，充分利用好所有条件和所有可用资金，让金钱发挥更大的作用。

有了这个好的开端，投资理财的路一定会越走越宽。

日常应用

投资理财不能等，现在就应该行动起来。

有很多人说："我没钱，不需要投资理财。"

还有人说："我很年轻，投资理财太早了！"

这些观点在一般投资者中非常盛行，其实这些都是错误的观点。理财要趁早，不仅要趁早，还要注意把握以下几点原则：

1. 保证健康，就是最高明的原始积累和省钱

拥有健康的身体，就是最大的原始积累，因为治疗疾病需要高昂的医药费，懂得爱惜身体，保障健康，就等于为自己省下了高昂的医疗费用。这就是财富和幸福生活最基本的原始积累。

2. 平安如意，就是赚大钱

人的一生，平安是最大的财富。

所以，我们一定要从生活的点滴方面注意安全，拥有平安如意，就是赚大钱。

3. 善于发现与勤动脑筋，容易发财

要想投资理财，不能光在家等，一定要善于发现商机，观察市场，多去学习投资理财知识，并且勤动脑筋去想怎么赚钱，这样才会有"金点子"出来。

第二节 "以小博大"法则：孕妇的肚子

幽默故事

丈夫身高1.82米，长得又高又壮。

妻子非常娇小，只有1.53米。

一天，妻子突然笑着问丈夫："老公，你觉得咱俩谁'大'？"

丈夫骄傲地站起来，刚要说"我大"，谁知妻子挺起了她七个月大的孕肚！

丈夫立即赔着笑，跑过去抱着妻子说："老婆，你最大！"

趣味点评

丈夫认为自己高大帅气，是家中"最大"的人物，但是当妻子挺起孕肚，拿仅有七个月的胎儿做资本，丈夫立马认怂，说妻子才是"最大"的。

这个故事告诉我们，天底下无论再娇小的女人，一旦怀孕，她就是"最大"的赢家。这就是投资理财学中的"以小博大"法则。

投资理财学解读

所谓"以小博大",就是让我们以小钱去积累大的财富。这是著名的有钱人的投资思维。我们只要坚定不移地按照这个法则去投资理财,就一定会产生有效收益。

我们先来看一则故事:

奥林·梅克林肯是美国的一位亿万富翁,他拥有数不尽的钱财。有一天,他为新楼盘项目召开新闻发布会。发布会刚刚结束,记者还没有离开,人们突然惊讶地看到,在众目睽睽之下,梅克林肯居然钻到了桌子底下。

大家目瞪口呆,不明白这位商业巨人为何会在大庭广众之下做出如此不雅观的事情。

不一会儿,梅克林肯从桌子下钻了出来,手上拿着半截抽剩下的雪茄,高兴得像个孩子。他对记者说:"对不起,刚才失礼了。我的雪茄掉在地上了,我得去寻找它。因为我的母亲从小就告诉我,应该尊重和爱护自己的每一美分。"

这个故事引人深思,梅克林肯是位亿万富翁,他完全可以不要那半截雪茄,再抽出一根新的雪茄来,但是他没有那么做,而是尽一切努力,去珍惜眼前的任何财和物。

这就是富人典型的"以小博大"的思维。他们认为,财富的积累离不开每一分钱的积累。如果想成为富人,想真正学会投资理财,就一定不可以放过身边的每一分小钱,不要一开始就狮子大张口想赚大钱,却对赚取小钱不感兴趣,这样往往容易两手空空,颗粒无收。投资理财,就是要学会滚雪球,"以小博大",从赚小钱中体会赚钱的快乐和自信,不断地积累财富,聚沙成塔，最终获取巨大财富。

下面我们从企业投资的角度再来看一则故事：

众所周知，宝能投资集团领导人姚振华就是利用"以小博大"成功实现了财富的原始积累。

姚振华一毕业，就下海经商。他做起了蔬菜生意，并且以此获得了人生的第一桶金。但是真正让他实现财富梦想的，是他对房地产行业的投资。并且，在这次投资中，他将"以小博大"运用到了极致。

1998年，姚振华总共花费了170万元，投资了福田的一块地皮，并且在这块地皮上开发了中港城。这块地皮，真正像之前讲的故事一样，小小的身板，却"孕育"了巨大财富，整个项目的收益高达上亿元。这就使姚振华以较低成本获得极大的价值回报。

有了资本积累的姚振华，开始对"以小博大"这种模式进行商业复制，他以2亿元收购了深圳物流集团35%的股份。然后，姚振华凭借自己的资本运作经验，对深圳物流集团业务进行了改革。短时间内，仅地皮价值就增长到600亿元。并且，随着地皮上仓库的建成，仅每年收租一项就高达20亿元。

姚振华通过一次次"以小博大"的资本运作，最终建立了自己的财富帝国。

通过这个故事我们看到，在投资中能够应用好"以小博大"法则，对资本的原始积累有奇效。

上面我们讲了在企业投资中"以小博大"的思想精髓，下面我们再来看一下，"以小博大"在股市交易中是怎样应用的。

在投资理财的交易里"以小博大"，通常指的就是如何以较低的成本去获取更大的利润。

"以小博大"的代名词是投机,投机有广义和狭义之分。广义的投机贯穿在我们生活中的方方面面,无论是复杂的股市,还是一个生命体的生存过程,都包含投机。如果我们单单从金钱的角度来给投机下一个定义,那便是:

如何抓住机会进行有效的投资,以此获取数倍于投资的回报。

投机的目的特别精准——就是赚钱,但真正能够做到只赚不亏,并不容易。你必须知道,"以小博大"的精髓是:付出小的。所以你必须保本,再去出击,这就是"以小博大"的根本战术。

投资理财本身,也是人性的修炼过程。投资理财要想成功,必须处理好技术、原则、人性这三个方面的关系。正是:技术教会你"怎么做",原则和法则告诉你"该怎么办",而人性决定我们是否会正常按照原则和法则行事。

比如股市,一个股票投资者的专业水平再高,他预测市场的准确度都不可能达到100%。这时候,就需要我们运用投资理财的原则和法则,因此,"以小博大"也是股票交易的精髓。

综上所述,人性是决定交易成败的根本。因为人的心理素质强弱,关系到是否能够正确地运用投资理财的原则和法则。如果说投资理财是一场没有硝烟的战争,那么人性就是决定这场战争胜负的根本。

所以,只有平衡好技术、原则、人性这三者的关系,我们才能够真正做到在投资理财中"以小博大"。只有我们拥有精湛的技术,同时严格遵循法则,加上良好的心态,才能让赔钱的概率降到最低。因此,"以小博大"不仅是投资理财学的法则,也是我们保住财富的根本。

日常应用

"以小博大"是投资者梦寐以求的事情，多少人的一生都在为了这个目标而奋斗。但是，真正能够做到"以小博大"的人，一定是具有一定投资特点的人。那么，他们都具有哪些特点呢？

1. 可以看透事物背后的规律和本质，具有预见性

投资高手一定会关注经济。他们通常善于捕捉市场信息，对投资具有超常的预见。即使面对大量的经济信息，他们也能对自己的投资战略非常有定力，能够看到这些事物背后的规律和原因，并且预测出未来的发展趋势。

2. 善于总结投资理财的经验教训

许多人经常犯错，却往往忽视了对错误经验的总结和对失败深层经验的总结，这导致了他们屡次犯错和失败。因此，一个成功的投资理财者，一定要善于总结自己在投资理财中的经验教训。他们非常小心谨慎，不会盲目地往前冲。这种谨慎的态度，本就是"以小博大"法则在投资中的应用。同时，当你全面分析自己过去的失误和错误投资时，也是"以小损失积累大财富"的开始。

3. 对风险有敏锐的嗅觉能力

制订详细的投资计划，能够有效且及时地规避风险，这也是投资中的一种"以小博大"。为了规避更大的损失，应该从增加保障这类小的投资理财项目开始，慢慢获取更大的利益。

第三节 多米诺骨牌效应：只有老婆！

幽默故事

一只小白兔恋爱了，它告诉爱人小灰兔："等咱俩结婚的时候，咱家的所有胡萝卜和积蓄，你都要交给我。"

小灰兔："亲爱的，那我岂不是一无所有了吗？"

小白兔："谁说的，你不是多了个老婆吗？"

趣味点评

小白兔结婚了，要求爱人小灰兔把自己的一切全部上交。小灰兔很沮丧，说那我岂不是一无所有了！然而，小白兔却认为，它从此有了老婆。真让人哭笑不得。

从这个故事中，我们可以看出，小灰兔从有很多的胡萝卜和积蓄，到除了老婆一无所有，是经历了恋爱等很多细小的事情发展而来。它们之间从相识、相知、相爱到结婚，每一步的发展都是一个立体的点。在整个时空中，这些立体的点联系起来，形成了今天这个令人哭笑不得的"只有老婆"的结局。这样的"一个点引发的连锁效应"，就是多米诺骨牌效应。

投资理财学解读

在一个相互联系的系统中,一个很小的初始能量就有可能产生一系列的连锁反应,人们把这种现象称为多米诺骨牌效应。它告诉大家,一个看似十分细微的变化,就很有可能引起翻天覆地的巨变。好比小灰兔,有了女朋友后,从有胡萝卜、积蓄和女朋友,到最后变成只拥有一个老婆,都是由于相识时微小变化的累积所产生的连锁反应。

我们来看这样一则故事:

楚国的城池卑梁和吴国的城池钟离交界。有一位卑梁姑娘和一位钟离姑娘,同时在边境上采摘桑叶。在劳作时,钟离姑娘不小心踩伤了卑梁姑娘。卑梁人性情容易冲动,他们带着受伤的姑娘去找钟离人理论。谁知钟离人完全不搭理卑梁人的诉求,并且对卑梁人出言不逊。这让冲动的卑梁人失去了理智,气愤之下杀死了一个钟离人。

其他钟离人知道这件事情后,去找卑梁人报仇。被仇恨蒙蔽双眼的钟离人,将一个卑梁人和他全家都杀光了。

卑梁的守城大夫听说后愤怒至极。他说:"吴国人目中无人,居然敢光天化日下攻打我的城邑?"于是发兵攻打吴国的城池钟离,把城中的吴国百姓全部杀死了。

吴王僚听到这件事情后震怒。他立刻派人领兵直入楚国,见人就杀,见城就攻。吴国和楚国因此发生了大规模的战事。

通过这个故事我们可以看到,由一件踩伤的小事上升为一系列杀人事件,最终升级为两国之间的大规模战争,似乎有一种无形的神秘力量牵引着这一切,直到将事情推向无法挽回的地步。这种现象,就是多米诺骨牌效应。

可见一个微不足道的错误，都可能酿成巨大的祸端。这正如同故事中的小灰兔，仅仅一个"错误"的开始，就如同触动了多米诺骨牌一样，导致了最终"负性"的结局。

这也提醒我们，在投资理财学中，我们一定要谨小慎微，防微杜渐，正确、科学、严谨、理性地进行投资理财，以防止做出错误的投资理财决策，引起多米诺骨牌效应，产生不好的结果。

同时，也告诉我们，一个好的做法和习惯，完全可以引起像骨牌一样全局推开的延伸效果。所以，好的投资理财习惯和正确的思维，是投资理财最重要的事情。当学会避免不好的"因"，你就可以避免毁灭性的"果"，这就是安全的投资理财。

接下来，我们看一下，生活中如何利用多米诺骨牌效应进行投资理财。要知道，在投资理财中，只有排好每一张牌的位置，在合适的时机轻轻一推，才能出现你期待的"美丽图案"。

我们知道，理财不外乎开源节流。那么，老百姓最常见的理财积累手段，就是存钱。通过一定数值和时间的原始积累，我们才会有更多的资金来进行不同种类的投资理财。所以，学会投资理财的第一步是一定要建立好的投资理财习惯——存钱。

如果你在年轻时就有强烈的理财意识，比如存钱，也许某一天你会突然发现，你已经拥有一笔数目不小的存款。但是，如果你年轻时没有养成理财的习惯，那么抱歉，你不理财，财不理你！这是必然定律。终有一天，你会在金钱上捉襟见肘，甚至可能导致人生满盘皆输。

小丽是杭州一家企业的白领，月薪6000元。除去房租水电的开支，她每月还能剩下4000元。但是，她的财富理念是"趁年轻，早享受"，因此每个月她都花光工资，成为名副其实的"月光族"。小丽只知赚钱，但是从来没有考虑过投资理财。这个潜意识就像一张多米诺骨牌，导致她多年后依然没有任何存款。

在小丽35岁那年，父亲突然生了重病，急需钱做手术。母亲请求她出钱给父亲治病。面对没有一分存款的局面，小丽后悔莫及。最终父亲因无钱治疗而离世，她一生都将活在懊悔之中。

通过这个案例，我们看到：一个健康积极的投资理财理念和习惯，可能关乎一个人一生的幸福，并最终拯救一个家庭。所以我们一定要摆放好投资理财中的每一张骨牌，让良好的"因"借着骨牌的连续，延伸到好的财富之"果"上去。

日常应用

多米诺骨牌效应可以应用在投资理财的很多方面，比如：

1. 理性理财，是防止负面多米诺骨牌效应发生的关键

我们鼓励投资理财，但也要谨记一句话：

"投资需谨慎，理财有风险。"

所谓投资理财，一定不能盲目，也不可以听风就是雨，随便采纳他人建议，而是要多学多看，多分析市场和总结经验。谨慎、理性地做好投资理财的每一个决策，是保证未来安全财富的根本。

2. 金融危机下，要谨防多米诺骨牌效应对股票等投资的影响

当出现金融危机时，一定要防微杜渐，做好万全准备，并且重点关注自己的理财产品。多米诺骨牌效应教会我们，如果想要一份完美的财富礼物，一定要关注每个关键时期，并在小事上不断努力。

3.制订一张完美的理财投资计划表

我们不能心血来潮地做投资理财,切忌盲目而行,而是需要制订一份详细周密的计划。没有计划的投资,一定是失败的投资。如果有一个明确的方针指导和贯穿投资理财计划的始终,就好比排列好每一张"多米诺骨牌",让每一项投资都相互建立好的连接,最终才会实现好的理财结果。

第四节　墨菲定律："不能说家是农村的！"

😊 幽默故事

小如要带男朋友小平回家见父母。

她告诉小平："你一定要记住，千万不能说你家是农村的！记住了吗？"

小平去了小如家，小如父母见小平长得高大帅气，心里就乐开了花。

他们问："小平，你家是哪里的？"

小平非常紧张，脱口而出："不能说家是农村的！"

🎤 趣味点评

故事中的小平，因为紧张而忘记女朋友小如的嘱咐，心里一直记挂着："不能说家是农村的！"结果真是越担心什么，越发生什么。当小如父母问小平的家是哪里时，紧张的小平脱口而出："不能说家是农村的！"这不禁让人啼笑皆非。

人们将这种现象称为"墨菲定律"。墨菲定律表明，你越害怕什么，越容易发生什么，就好比"物极必反""怕啥来啥"。

投资理财学解读

墨菲定律的起源，最广泛认可的说法是1949年由美国工程师爱德华·墨菲提出。它是指，如果有两种或者两种以上的方式去做某件事情，而其中一种选择方式将导致灾难，则必定有人会做出这种选择。根本内容是：如果事情有变坏的可能，不管这种可能性有多小，它总是会发生。

墨菲定律经常会出现在我们的日常生活中。

例如，王涛准备回家时买好蛋糕，给女朋友过生日。下班后，他有一堆的事情要处理，为了防止忘记买蛋糕，他在嘴里反复念叨着买蛋糕。结果，一路上他处理了所有事情，并且去菜市场买了菜，然后匆忙回到家中。直到进了家门后他才想起，所有事情都做了，唯独忘记了买蛋糕。

这种现象就是墨菲定律。它向我们表明：你越担心什么，结果这种事情越是会发生。如同故事中的小平，越是念叨"不能说家是农村的"，结果弄巧成拙，反而将这句话脱口而出。王涛一直念叨着买蛋糕，结果物极必反，偏偏忘记了买蛋糕。

在投资理财中，墨菲定律同样适用。我们再来看一则案例：

萱萱系统地学习了投资理财，决定在股票和基金上"做一番大事业"。她非常自信，觉得自己的知识储备量已经足够了。结果，这投资理财的事业并没有她想象的那样顺利。

她刚在某只基金上小赚了一笔。因为是首次投资，她很害怕后期回调，就决定直接卖出。让萱萱没想到的是，自从她卖出后，这只基金居然一直在涨，最终出现了"卖飞"的情况。她叹了口气，决定再接再厉。她看准了另外一只基金，发现它短期内会有投资机会。因为害怕再次失去机会，她马上高兴地买入，等待价格按照规律起飞。

但令萱萱万万没想到的是，自从她买入这只基金，市场就开始出现大规模的回调。她害怕失去机会，结果换来的却是错误的投资。当萱萱发现股票、基金市场和自己想象的不一样，并且"怕啥来啥"时，她果断地停了下来。她要总结经验，再进行投资。

我们可以看到，这个案例就是墨菲定律在投资理财中的具体表现。这说明，投资时一旦你具有担忧和恐惧心理，只要有任何一种不好的可能，你投资时的每一笔操作，都有极大可能朝不好的方向发展。打个比方，就好似有庄家正盯着你的操作而操作。

我们再来深入分析一下，为何会出现如此现象？

大多数投资者，尤其是初次进入投资市场的"菜鸟"，往往因为害怕损失，在投资股票或者基金时，容易形成追涨杀跌的投资风格。这表明，人们对于损失和获得财富的敏感程度不一样。因此，我们在决策过程中，对投资带来的不同价值，需要从收益和损失两方面来定义。根据墨菲定律，当你对损失恐惧的时候，损失就越会发生。

所以，始终保持强大的心态，停止或者减少对损失的恐惧，是我们投资理财中至关重要的一点，这是良好投资的根本秘诀。

同时，为了减少恐惧，我们在现实中也要做到以下两点：

第一，保本原则。

一定不要赌上身家性命。保住身家性命是进行投资理财的定心丸。根据墨菲定律，与其试图费尽心思去阻止不好的事情发生，不如稳稳地守住家底，这才是最安全的投资理财策略。

第二，收益还原法则。

收益还原法则是指，假如你今年的收益率预定为25%，然而实际等到年底结算，你发现收益率为65%，那么，你就必须这样去思考，你多出来的这40%是很有可能还会亏损掉的。

同样，亏损也需要使用这样的收益还原法则，如果你亏损了25%，那么你可以想象你的收益会补回来。这就是所谓"有亏就有赢，有赢就有亏"。当你明白了收益还原法则时，就能对投资理财保持一颗平常心。

根据墨菲定律，在投资理财中，我们需要一定的钝感力。一定要总结自己对市场敏感性的根源，将投资股票回归到市场的本源上来。所谓投资股票，就是投资公司，所以我们要将更多的专注点，放在这只股票的公司是否具有赚钱的能力上。

同时，墨菲定律对如何做出投资理财决策也具有巨大的警示作用。通过上述案例，我们知道，投资理财一定不可以盲目乐观，或者具有担惊受怕的恐惧心理。正确对待错误的投资，是投资理财中必须学会的一堂课，但是一定不要胆怯，唯有及时止损才是智慧的做法。

我们一定要正视墨菲定律对于投资理财活动所产生的影响，较好地运用墨菲定律来规避风险，及时地纠正错误，并且不断地总结经验，从而不断地提高投资理财的能力。

日常应用

投资最大的敌人就是自己。墨菲定律告诉我们，希望和恐惧就像双生子，你只有朝着希望的方向去努力，继而消灭对失败的恐惧，同时合理地规避风险，才能确保投资理财的收益不断增长。

1. 排除投资理财时的不安心理

大多数投资者因为不熟悉投资市场,对投资市场的每个决定都具有恐惧心理,这种心理极容易引起负面反应,因此,投资者不可以在没有把握的情况下做出决策。强烈的自我怀疑,很容易让你受到墨菲定律的影响,这时候一定要掌控好自己的心理状态,不要让负面情绪和恐惧心理影响抉择。

2. 投资理财时要建立坚定的自信心

在投资市场中,如果你没有信心,遇到挫折就很容易一败涂地。投资者一定要建立强大的心理抗压系统,只有敢于突破自己的人,才有可能成为财富市场新一轮的主人。

3. 懂得规避风险,向钱挺进

墨菲定律让我们明白,世界上没有百分之百安全的投资,即便把钱存进银行,都有可能面临通货膨胀造成的资金贬值。所以,在投资过程中,最重要的就是懂得规避风险。

进行投资理财,光有好的心态也是不行的,还必须懂得时刻规避风险,才能在投资理财中不断地稳步前进,从而获得稳定的收益。

第五节 "不熟不做"原则：半夜来敲门

幽默故事

两夫妻吵架，胆小的丈夫一气之下跑出去喝酒。喝到半夜，丈夫摸黑晃晃悠悠地回到家。他壮胆敲门叫道："那个不知道什么样的女人，给我开门！"

谁知妻子听后，气愤地说道："既然你不认识我，我与你不熟，那不能给你开门！"

趣味点评

俗话说："酒壮尿人胆。"喝醉的丈夫称呼自己的老婆为"那个不知道什么样的女人"，谁知这句话惹恼了老婆，老婆直接来了句："我与你不熟，那不能给你开门。"失策的丈夫只能在外睡了一夜。老婆遵循的正是"不熟不做"原则。故事告诉我们，不熟悉，任何大门都不能随便打开。在投资理财中更是如此，不熟不做，只有熟悉，才可以进行有效投资。

投资理财学解读

在投资理财中，一个非常重要的原则就是"不熟不做"。

那么,什么是"不熟不做"呢?指投资理财之前,一定要花费大量的时间、精力,对投资对象的所有信息研究透彻,以求尽量减少投资风险。只有对投资对象的信息了解得非常完善和熟悉,才可以进行投资。

股神巴菲特从来不碰那些他不熟悉的领域。多年来,他之所以成为财富第一人,并且屡战屡胜,就是因为他始终秉承"不熟不做"的投资原则。

巴菲特曾说:"我们的重点就是,一定去寻找那些可以安全预测的企业,无论是未来10年,还是20年、30年,这些企业都会持续安全运营,并且有规律可以预测。"他从来不碰那些看起来陌生的企业股票,即使看起来高收益也不行。他会自动远离那些无法把握的企业投资。在他看来,任何投资者都不可以轻易冒险,去随便投资自己完全不了解和不熟悉的投资品种。

这都表明,对于不熟悉的领域,连"财富之神"巴菲特都不会去打开那扇大门。就像故事中的老婆,对"不熟"的人和事,直接采用拒绝和远离的态度。

巴菲特最有名的一则投资案例,就是投资可口可乐公司。他通过对可口可乐公司细致的了解,估算出了可口可乐未来10年的发展。完全掌握了这家公司的情况后,他对其进行了投资。

因为他了解到,可口可乐不仅是饮料品牌最好的销售商之一,还具有非常先进的分销渠道,以及最低成本的生产商和装瓶商。这些都证明,可口可乐未来10年内都将具有现金流高、回报率高、利润高的特点和规律。所以巴菲特真的是"不熟不做",他只打有准备的战役。

我们再来看一则相反的案例,美国地产大亨瑞利因为不熟而产生判断失误的投资故事。

瑞利十分喜欢吃一种叫作巴拉的糖果。他断定,这种糖果一定会受到美国人的喜欢。他并不像投资地产一样熟悉巴拉糖果的一切，而是仅仅凭借自己的喜好，就对它进行投资。他非常自信地认为，他所喜欢的，美国人一定也会喜欢。

结果，瑞利购入大量巴拉糖果的股票后，发现巴拉糖果出了问题。因为美国人并不喜爱它，所以巴拉糖果很快出现市场萎缩现象，公司财务最终出现问题，股票价格一路下跌，最终跌至0.35美元。瑞利的这场因为喜好而进行的投资，最终以失败告终。

由此可见，任何投资理财都一定要坚持"不熟不做"原则。因为，即便是纵横商海多年的美国地产大亨违反这个原则，也要吞下失败投资的苦果，何况普通投资者呢。所以，我们在投资理财时，一定要对投资的对象进行详细调查，只有熟悉了这个行业，并且按照这个行业的内部要求去深入考察，全面了解产品的供需是否顺畅，对销售价格的涨跌情况了如指掌，对企业的市场份额做到心中有数，才可以有针对性地进行投资。

"不熟不做"的投资态度，是投资者对自己的高度负责，只有"知己知彼，方能百战不殆"。

"不熟不做"原则，也告诫人们，投资理财中的任何行为，都应该在投资理财者能够理解的范围之内。如果超出这个范围，就是瞎猫碰死耗子——撞运气！事实上，你不会撞到好运。所以投资者一定要谨慎，严格遵循"不熟不做"原则。

日常应用

每个人的能力各不相同，那么何为熟，何为不熟？我们从以下几个切入点了解一下怎样才能深入地了解投资对象，做到"不熟不做"。

1. 股票是有性格的，要摸清你所要投资的这只股票的"脾气秉性"

对于你所要操作的股票要做到相当熟悉。在你坚持长期对一只股票进行跟踪，并且已经完全摸清它的涨跌习惯和运行规律后，你根据规律再做出选择和决定，就增加了很大的胜算。同时，投资者对自己的脾气秉性也要有所了解。比如，喜欢稳健的投资者，就不会去投资那种大起大落的股票；喜欢激进冒险、追求高收益的投资者，就会很少跟进那种稳健的股票。总之，熟悉股票、熟悉企业，也要熟悉自己的需求。

2. 熟悉一家企业的员工状态和素质非常重要

一家优秀的企业一定有优秀的员工体系。一个管理高效的企业，一定不会允许自己的员工长期处于萎靡状态。要想了解这只股票的企业情况是怎样的，可以首先从多种渠道去了解这个企业的员工情况。一个企业的员工自信热情，并且大多数人能力杰出，非常团结，就说明在很长一段时间里，这家企业的效益也不会很差。

3. 熟悉自己所在行业，践行"不熟不做"原则

相比其他行业，投资熟悉的自己所在的行业，更容易获得丰厚回报，并且风险更小。这就是投资中的"不熟不做"原则。因此，多关注自己所在行业的股票走势，其中的投资机会要远远高于商业逻辑下分析得出的各种结果。

4. 熟悉投资企业的年报、半年报

如果你想要熟悉某只股票，就一定要研究和分析这家企业的年报和半年报。那么，去哪里找企业年报呢？当今社会的信息特别发达，从沪交所、深交所还有企业网站都可以找到企业的年报。多关注和研究分析这方面的资料和信息，就可以真正做到"不熟不做"。

第六节　复利法则：装不满的棋盘

😊 幽默故事

有一位国王十分喜欢打仗。于是，有一个发明家发明了国际象棋，让国王可以在棋盘上体验打仗的快感。

国王高兴地对发明家说："你可以索要任何奖励。"

发明家回答："我不要金银，只要麦子。"

国王问："你想要多少麦子？"

发明家说："我发明的棋盘总共有64个格子，请陛下在第一个格子里放1粒麦子，第二个格子里放2粒麦子，第三个格子里放4粒，第四个格子里放8粒，以此类推，每格的粒数都是前一格的2倍。"

国王听后哈哈大笑："这是小事一桩！一言为定！"

一天过去了，一名侍卫满头大汗地跑来向国王汇报："陛下，所有粮仓的麦粒都没有了，才装到第24个格子……"

🎤 趣味点评

故事中，根据发明家的要求，用复利法则计算，等到第64个格子时，总共需要麦子 1511 亿吨。这个数字相当惊人，可以说国王是"哑巴吃黄连，有苦说不出"。因为按照这个数字，国王要 800 年才能凑足奖给发明家的粮食。这真是叫人意外，又哭笑不得。

投资理财学解读

通过这个故事，我们发现，一个很小的基数，通过一定的复利法则，将会变成一个十分庞大的数字。这是一件非常疯狂的事情。那么，到底什么是复利呢？

复利，是指在计算利息时，某一计息周期的利息是由本金加上先前周期所积累利息的总额来计算的计息方式，即将所赚取的利息加到本金中，计算下一个阶段的利息。这样，在每一个利息周期，前一个利息周期的利息将成为新的利息周期的本金，这就是人们常说的"利滚利"。

复利有一个特征，即本金随着期限延长而逐渐增加，从而体现资金的时间价值，因此复利适用于计算长期借贷利息。

下面我们来看一个例子：

0.99 经过一年后的复利数值是 0.03；

1.01 经过一年后的复利数值是 37.8。

对比这两组数字，人们会惊奇地发现，虽然 1.01 只比 0.99 多 0.02，但是经过复利计算，那 0.02 的微小差距居然导致数值差距越来越大。1.01 的复利数值 37.8，是 0.99 的复利数值 0.03 的 1260 倍。这让我们看到，如果每天在投资理财中增加一点点财富，或者每天学习进步一点点，一年之后积累下来的都是原来的几十倍，甚至更多。因此，如果我们不理财，也不学习，一年之后就会比那些会理财，勤于学习的人落后许多。

我们再来看一个例子，大家所熟悉的诺贝尔奖，就是依靠复利法则起死回生的。

1896年，诺贝尔基金成立，当时资产总额为980万美元。这笔钱最初仅投资公共债务，而且多数资金存在银行，没有进行任何高回报的投资。

随着诺贝尔奖奖金的发放，1953年诺贝尔基金所剩资产不足300万美元。由于通货膨胀，此时300万美元只相当于1896年的30万美元。诺贝尔基金即将陷入无钱颁奖的绝境。

无奈之下，诺贝尔基金向麦肯锡咨询公司求助。麦肯锡建议诺贝尔基金把仅剩的存款用来进行各种优质投资，并雇用专家专门打理这些理财产品。

由于及时地转换了投资思维，诺贝尔基金起死回生，经过复利累积，很快获得了巨额收益。从此，无论是自然灾害，还是战火硝烟，诺贝尔基金始终保持巨额的复利收益，年收益率最高时达20%。

通过这个例子，我们看到了复利增长的威力。任何人忽视了复利的作用，都要吃苦头。比如，故事里的国王因为轻视复利，结果全国800年的麦子收成都要奖给发明家。原来填满64格的麦子，居然是一个天文数字。所以我们投资理财一定要重视复利法则。

复利法则是让我们实现财富自由的一大奇迹法则，诺贝尔基金和国王的故事，让我们看到复利与时间、本金和收益率之间的关系。我们想要钱财实现复利式增长，就一定要平衡好时间、本金和收益率这三大要素。

因为复利用计算器是很难计算出来的，所以人们针对时间、本金、收益率发明了简易算法，即72定律：以1%的复利计息，72年后（72是约数），本金翻倍。

我们不仅可以利用72定律来计算复利，而且能够很快计算出投入一定资金后，多久可以翻倍。

例如，我们购买一款理财产品，年收益率是8%，根据复利法则和72定律，用72除以8，得到的数值是9，也就是说9年后投入的资产就可以翻倍。

再例如，小王投资20万元购买一款理财产品，年收益率是18%，这20万元资金翻倍所需时间的计算方式，就是72除以18等于4。也就是说，4年后小王投资的理财产品就可以翻倍，他可以拿到40万元。如果小王想体验暴富的感受，在2年内使资产翻倍，那么就用72除以2等于36，也就是说，小王需要选择一款年收益率36%的理财产品。如果安全系数可靠，实际收益符合预期收益，那么2年后小王的资产就可以翻倍。（案例只供参考，投资收益率5%到10%是比较合理的，一旦超过10%则可能损失全部本金。）

通过上述例子可以看到，只要我们熟悉复利法则和72定律，在合理应用下，就可以在相对较短的时期内实现财富的较快增长。

通过复利法则，我们知道了一个奥秘，那就是利用金钱的时间价值，可以实现财富的积累。同时，当你明白了什么是复利法则，也就真正明白了理财要趁早，越早开始投资理财，就越容易收获复利的奇效。

对于投资理财，复利法则不仅仅应用在积累财富方面，而且应用在经验和知识的积累上。任何事情都可以应用复利效应，哪怕我们每天积累一点投资理财的知识，多年以后就能获得相当惊人的变化。

日常应用

复利法则应用在投资中有奇效，那么要使投资实现复利增长，要遵循哪些原则呢？

1. 长期投资原则

巴菲特说:"我们每个人每天都有的投资基金,就是我们的时间。"如果你想获得更大的财富,就一定要利用复利法则,尽早建立一个长期可行的投资计划,并且每天都为这个计划付出努力,学习理财知识。长久之后,你将获得巨大收益。

2. 投资越早、越快越好

复利神奇作用的关键就是时间,那么时间就是金钱,抓紧一天去理财,抓紧每一刻时间建立并实施理财计划和学习计划,就是在利用复利创造价值和财富。

第七节 马科维茨原理：不要在一棵树上吊死

😊 幽默故事

一位投资小白问股神："您是怎么保证获得高额资本和今天的成功的？"

股神笑着说："就是一句话——不要在一棵树上吊死。"

隔壁的阿嫂不懂股票，她恰巧偷听到了投资小白和股神的对话。她立马跑回家对丈夫说："老头子，给我多准备几根绳子，我要去村头的几棵大树上吊着。股神说，这样就能暴富！"

🎤 趣味点评

故事中，股神说购买投资产品获得稳健收益的秘密，就是"不要在一棵树上吊死"。然而，不懂投资的阿嫂听到后，以为只要"吊在不同的树上"就可以暴富，这让人哭笑不得。股神说的是投资学中的马科维茨原理，即分散投资，降低风险。

📈 投资理财学解读

20 世纪 50 年代，马科维茨提出一种投资组合理论，也称分散投资理论，

第一章　投资理财的正确思路

指投资者为了引入风险和收益对等原则，应同时投资不同的资产类型或者不同的证券产品。

这个理论的中心观点认为，投资者的投资愿望是追求较高的预期收益，并且要求尽可能地规避风险，因此马科维茨原理就是要求在既定风险水平的基础上，不仅要使证券的预期收益率尽可能大，还要使所承担的风险尽可能小。

这正如故事中的股神所说，我们要把风险分散出去，"不要在一棵树上吊死"。能够明白这个原理的人，投资时可以有效规避风险，并且提高收益率。不明白的人，就像隔壁的阿嫂，闹出了"听东就是西"的笑话，跑到村口的大树上吊着而求发财。

我们来看一则故事：

有一位农妇，她家的母鸡特别能下蛋，她没多久就积攒了很多鸡蛋。

一天，农妇打算装一篮子鸡蛋出去卖。她找来一个大篮子，把所有鸡蛋统统装在这个篮子里。她满心欢喜地准备出门，却不想丈夫突然大喝一声："你不能只用一个篮子装鸡蛋，快停下！"

丈夫跑过来说："只用一个篮子装鸡蛋是非常危险的。你最好换成几个小篮子，这样会安全很多。"

农妇不相信丈夫的话，反驳道："这些鸡蛋根本不重。而且篮子很结实，去年我还用篮子装过土豆，都没有问题！"

说完，农妇提起篮子准备出门。令她震惊的是，在提起篮子的一瞬间篮子底部突然裂开，所有鸡蛋都掉在地上摔碎了。

这个故事就体现了马科维茨原理，即不要把鸡蛋放在一个篮子里，和前面股神说的投资"不要在一棵树上吊死"属于同一种情况。它告诉我们，分散投资可以降低投资风险。正如丈夫对农妇说的，把鸡蛋分开放在不同的篮子里分散重量，安全才是第一位的。

如果你是一位投资新手，对于投资还不是十分内行，此时，你面对复杂的投资环境和不熟悉的资本运作，并且未能完全掌握所要投资的企业和股票市场的全面信息，这时候一定要遵循马科维茨原理，做好分散投资组合，才是最保险的投资方式。

王小杰开办了一所托管学校，努力了3年终于赚了50万元。她听从同事的话，有了钱就想要投资理财，让钱生钱。由于从来没有接触过投资理财领域，她对基金的了解并不多。但是，王小杰的胆子很大，她相信同事的建议，将50万元全部用来购买一家公司的基金。不久，这家公司竟然破产了，而且存在诈骗。王小杰欲哭无泪，整个人都快崩溃了。这次认准一只基金"一掷千金"的投资让她"全盘皆输"。

这个案例告诉我们，投资者一定不要抱着"赌一把"的心态去投资，而且把所有赌注都压在一个产品上，这种违反马科维茨原理的投资行为具有极高的风险。"赌一把"的想法很容易让你倾家荡产，一定要引以为戒。

因此，无论是"不要把鸡蛋放在一个篮子里"，还是"不要在一棵树上吊死"，都在告诉我们，只认一个"篮子"、一棵"树"都不是最安全的策略，只有分散投资才可以降低我们的风险和提高收益率。

但是，分散投资并不是说"篮子""树"越多就越好，投资过于分散，而且盲目投资过多的理财产品也是一种弊端，切忌过犹不及。

打个比方，依据马科维茨原理，假设你投资了大量不同的股票，而且选择了不同的行业，这样一来，由于涉及众多的行业和企业，而你的精力是有限的，很难对每个行业和企业都研究分析透彻，并且这样你会消耗大量精力，容易造成判断失误，进而造成亏损。

因此，投资理财时，一般只选择三四个"篮子"就可以，这样既避免了"在一棵树上吊死"，又不会太复杂，还可以科学地分散风险，提高收益。

日常应用

那么，马科维茨原理在证券投资中应该怎样应用呢？具体有以下几个方面。

1. 时机分散方法

证券市场瞬息万变，很多投资者并不能准确地把握市场规律和变化，导致大多数投资容易出现失误。但是，投资者可以利用马科维茨原理来进行分散时机投资，也就是说，购买股票时，不要着急一步到位，可以慢慢地进入投资市场，随着投资经验的积累，经历更长的时间来逐渐完成投资。

2. 对象分散方法

对象分散方法就是购买不同的投资产品，例如，一部分资金购买债券，另一部分资金购买股票，最后一部分资金投资黄金。这样可以有效地分散投资风险，并且增加收益率。

又如，在投资股票时分散投资，分别投资不同的产业、不同的市场。

3. 地域分散方法

如果某地区或者某国家出现政治以及经济方面的动荡，股票市场就很容易随之动荡，因此，投资者可以购买国际金融市场的股票，比如购买不同国家和地区的股票，以回避这种风险。

第二章

积少成多的精明储蓄

有一句谚语:"积累财富就像用大头针挖沙子,而且财富流失就像将水浇在沙子上。"由此可见,财富的流失是相当容易的,只有养成良好的储蓄习惯,才是健康理财的开端。那么什么是储蓄呢?储蓄是社会生活中的一种经济行为,是指城乡居民将暂时不用或结余的货币收入存入银行或其他金融机构的一种存款活动,又称储蓄存款。从古至今,储蓄一直是中华民族"居安思危"优秀传统思想的体现,所以,我们一定要有效使用储蓄这种理财方式,积少成多,积累大财富。

第一节　攒够种子钱：勒紧裤腰带

😊 幽默故事

老婆对老公说:"亲爱的,这个月我妹妹结婚,我们俩要勒紧裤腰带了。"

老公对老婆言听计从。为了响应老婆的号召,他立马解开裤子,把裤腰带使劲勒紧。

老婆看到此举,简直怀疑人生!

🎙 趣味点评

故事中,由于妹妹结婚,要随"份子钱",因此,老婆开玩笑说,这个月家里需要"勒紧裤腰带"过日子,以便节约开支。随之老公当场解开裤子,勒紧了腰带,这让人啼笑皆非,但是也不失为省钱的一种"壮举"。因为勒紧裤腰带后人吃得就会少,老公确实是省钱小能手。这个故事里的理财思维就是储蓄,即攒够种子钱,没有原始积累,就没办法进行积少成多的财富积累,继而进行其他投资。

第二章 积少成多的精明储蓄

投资理财学解读

对于投资理财来说，攒够种子钱才能够让财富开花结果。所以，存钱是理财的起点。老百姓所讲的存钱指的就是储蓄，即通过存钱来攒钱。对于富人来说，投资可以致富，但是对于普通人和穷人，储蓄却是致富的起点。因此，我们平时要"勒紧裤腰带"过日子，先努力攒下种子钱，不仅要能省就省，还要有理财计划，定期把节省下来的钱存在银行里。这样有了一定的原始积累，才能有机会去投资赚大钱，否则，没有种子钱，你只能徘徊在财富的大门之外！

方如芯是一家服装公司的设计师，月薪8000元。扣除各种开销，她一点点地积攒，竟然在5年内存了30万元，圆了自己去法国进修服装设计的梦想。

刚刚参加工作的方如芯，在工作和生活中遇到了很多困难，但是她并没有马虎度日，而是严格地制订了储蓄理财计划和职业生涯规划。她觉得只要自己拼命攒钱，攒够这份种子钱，她就可以去法国进修，这样她未来的工作一定会更上一层楼。

方如芯省吃俭用，从来不买昂贵的衣服。可以说，她就是"勒紧裤腰带"过日子的典范。她每个月除了必需的吃、喝、住和水、电、煤气费用，剩余的钱她都用来储蓄。只要有一分钱，她都要积攒起来。于是，她账户上的存款数额飞速增长。

5年过去了，她居然存了30万元。这可把方如芯高兴坏了，因为她终于可以出国留学了。

很多人都拥有关于财富的梦想，但是有多少人可以实现梦想呢？这个案例告诉我们，储蓄非常重要，只要你肯节俭，养成良好的储蓄习惯，积少成多，就会拥有想要的财富。攒够种子钱一定要趁早，越早树立良好的储蓄意识，培养储蓄习惯，就越容易实现自己的财富梦想。

反之，如果你没有储蓄理财意识，没有培养良好的储蓄习惯，就可能不仅没有种子钱，甚至生活遇到急事，也会让你捉襟见肘。

小海今年26岁，是一家企业的企划顾问。他的工资非常高，每个月有15000元的收入。但是，小海特别爱玩，而且交了一个爱慕虚荣的女朋友。小海每月的大部分收入都用于给女朋友买包包和衣服了。

小海却不以为意，他并没有"积谷防饥"的储蓄思想。他认为自己还年轻，赚钱又多，所以和女朋友一起天天乱花钱，这导致他每个月基本是"月光族"。他们在北京租房子，每个月需要3000元来支付房租。小海居然没有想过攒种子钱，以后买套房子。他的日子表面上十分风光，其实暗藏危机。

今年，公司突然宣告破产，小海一下子失业了。因为没有储蓄存款，仅失业一个月，小海已经连房租都付不起了。女朋友见小海没钱了，马上向他提出分手，这让他感觉天都塌了下来。

小海的生活经历和方如芯是天壤之别。其实小海的收入要高出方如芯大约一倍，但是，因为小海不知道储蓄存钱，没有理财意识，结果是他将生活过得一塌糊涂。

小海的遭遇告诫我们，在老百姓的生活中，一个最重要的环节就是储蓄。对于财富而言，重要的并不是你赚了多少钱，而是你能够存多少钱。储蓄就像可以攒够种子钱的金钱游戏，只有重视储蓄，你才可以慢慢地积累大量财富，并且给未来生活多一份经济保障。如果你没有储蓄，当生活遇到变动时，你往往会无能为力，束手无策。

储蓄，并不是盲目地往银行里存钱，也并不是每个月除去开支剩余多少就存入多少，而是首先拟订一个储蓄计划，拿出一部分钱存入银行，然后剩下的钱用于生活开支。

因此，我们一定要重视积攒种子钱，储蓄未必能够让我们成为富翁，但是如果我们不储蓄，就一定成不了富翁。

日常应用

储蓄是一种攒够种子钱的理财方式，对于日常生活异常重要。那么，我们如何开始储蓄计划呢？

1. 强迫自己制订储蓄计划

如果只是把钱留在手中，或者只是存在借记卡里，就很容易花掉钱。不如制订好储蓄计划，把一定数额的钱存成定期，只留下够基本生活需要的资金。

2. 写出自己的攒钱计划和目标，按具体目标来存钱

把想买大房子，或者想供孩子留学，或者买车等具体目标写下来贴在墙上，然后根据这些目标制订详细的储蓄计划，持之以恒地攒钱。

第二节　储蓄不是抠门省钱：舍不得倒油的阿花

😊 幽默故事

阿朵到阿花家做客。阿朵告诉阿花，她想吃干煎豆腐。

结果，阿花在厨房里磨磨蹭蹭，就是不做饭。

阿朵跑过去问阿花："你在干什么？"

阿朵说："为了节约钱财，我在等豆腐自然风干，就可以少倒油煎豆腐了。"

🎤 趣味点评

故事中的阿花可以说是抠门省钱的典范。阿朵想吃干煎豆腐，阿花居然为了少倒油，等待豆腐自然风干。这种舍不得倒油的小心思，真的是让人瞠目结舌。

生活告诉我们，想发家致富并不能靠抠门省钱。而且储蓄也不是盲目地降低生活质量而进行的抠门节约。我们既提倡节约，也建议该花的钱一定要花。阿花的省油待客之道实在不可取。

第二章 积少成多的精明储蓄

投资理财学解读

储蓄并不是抠门省钱。所谓抠门省钱，就是过度甚至不正常地节约钱财。甚至有人错误地认为，储蓄就是省钱，就是过苦日子。实际上，这些观点都是错误的。就像阿花，不能为了省钱而不好好待客，甚至为了做菜少放油等豆腐自然风干，这都是省钱的一种极端表现。储蓄理财指的是，把每一分钱都花在刀刃上，要具有精明的储蓄头脑，而不是近乎变态地省钱。

王小磊家在农村。因为家里穷，他从大学开始就有了储蓄理财的思想。他认为，只有攒够钱，未来才会有好的生活。但是，他攒钱的方式太过极端。家里给的生活费，他连100元钱都舍不得花。他买了一口小锅，自己在寝室做饭。他每天去菜市场和水果摊买剩下的烂菜叶子和烂水果。

几年大学读下来，王小磊确实如愿攒下了一笔钱。但是，因为长期的营养不良，王小磊肠胃功能太差，三天两头就生病，这也让他的学业受到了影响。很显然，这种伤及身体健康的省钱储蓄方式并不可取。

因此，我们一定要正确地进行储蓄。开源节流固然重要，但是过度抠门的省钱方式并不可取。金钱重要，所以储蓄势在必行，然而，健康本身也是最重要的储蓄。如果你不能够合理地管理自己的生活，光会攒钱，即使拥有了很多钱，也是一种失衡的人生。

我们再来看一个相反的案例：

来自农村的陈一博，是一名在校大学生。他对自己的未来有着清晰的规划。他在省吃俭用的同时，也非常注重健康。他认为，储蓄非常重要，但是比储蓄金钱更重要的是储蓄知识和能力。

他认为，真正的储蓄就是让自己变得更好。无论是钱财的原始积累还是能力的提升，都是眼前储蓄中最重要的事情。因此，他在生活中能省就省，从不多花一分钱。他把攒下来的钱分成两部分，一部分存在银行，另一部分用来报名参加金融学实战班。而且，他勤工俭学，把赚来的钱全部存在银行，留作将来提升自己的资金。

四年下来，陈一博变得越来越优秀。在普通大学生每个月钱都不够花的情况下，他很早就通过勤工俭学应付开销，不需要用家里的钱了。而且，没毕业他就攒了一笔钱，拥有了未来投资的原始积累。同时，因为一边储蓄理财，一边学习金融实战课程，他一毕业就被一家大企业录用，获得了高薪。通过努力，他很快就实现了财富自由。

通过这个案例，我们看到，陈一博的消费理念和储蓄理财习惯非常正确。他没有像王小磊那样极端地舍不得花一分钱。他把钱花在了可以让自己复利增长的投资上，把钱花在储蓄未来的能力上。同时，他不忘记储蓄钱财，定期往银行里存钱。这才是陈一博人生一帆风顺的秘诀。

储蓄并不是抠门省钱，而是为了使生活变得更加美好。我们要建立正确的理财观，合理、有计划地进行储蓄。你可以吃苦，但是，不能为了储蓄而吃不必要的苦，这可能会损害健康并剥夺生活的快乐。正确的储蓄方式应该是对闲置货币和资产，以及理财计划的优质管理。

记住，会储蓄的人，往往会把生活打理得井井有条。

日常应用

储蓄并不是抠门省钱，而是合理地安排开支，做到勤俭节约。那么，我们该怎样进行合理储蓄呢？

第二章　积少成多的精明储蓄

1. 自律储蓄，强制存钱

有些人认为，穷人不必存钱，因为钱不够花；富人更不用存钱，因为有挥霍的资本。这都是错误的观念。我们一定要建立自律高效的储蓄习惯，几乎每个人的第一桶金都是靠储蓄或者投资积累的。储蓄虽简单却非常重要，我们要强制自己存钱。这样做一方面可以避免把钱花在无关紧要的事情上，另一方面可以帮助自身远离诱惑。

2. 年轻人不要囤货，要懂得控制现金流

随着网购和交通的发达，现在的货物可以说五花八门，年轻人大多控制不好自己的欲望。很多人喜欢囤货，或者没办法控制自己的购买欲，这导致很多年轻人都是"月光族"。年轻人一定要懂得开源节流，不可以浪费钱财购买多余的物品。年轻人要控制自己的欲望，节省钱财，懂得储蓄。

3. 对自己的财务状况有清晰的认知和渴望

你每个月的生活必需花销、投资理财、储蓄、未来学习等资金支配情况都是你要明确知道的。你只有摸清自己的财务收支情况，才能根据自己的实际，制订切实可行的理财计划和理财目标。

第三节　积少成多法则：一只搬东西的蚂蚁

😊 幽默故事

有一只蚂蚁非常懒惰，而且它还总是瞧不起那些勤快的蚂蚁。

它对一只勤快的蚂蚁说："你何苦搬来搬去，找到食物直接吃饱不就好了？何必往家里搬。"

不久，一场大雨来临，满地积水。

懒蚂蚁在一片树叶上漂了三天，也没找到一口食物，它饿得快死了。它随风漂到了勤快蚂蚁家的附近。于是，懒蚂蚁为了躲避大风，进入勤快蚂蚁家中。懒蚂蚁顿时惊呆了，勤快蚂蚁家里的食物堆得像一座小山！

懒蚂蚁感叹道："原来这就是洞中自有黄金屋啊。"

🎤 趣味点评

小蚂蚁，力量大。勤快蚂蚁勤勤恳恳地每天搬运食物，然而，懒蚂蚁无情地嘲笑了它，认为它没出息，多此一举。随之一场大雨来临，平时没有储蓄的懒蚂蚁饿得快昏死过去。可是，当它进入勤快蚂蚁的洞时，居然看到了积少成多后堆积成山一样的食物。懒蚂蚁感叹道，原来洞中也有黄金屋。

这就是投资理财中典型的积少成多法则。它表示，无论是财富还是知识，

第二章 积少成多的精明储蓄

只要一点一滴地积累起来，就会由少变多，最终获得意想不到的收益。

投资理财学解读

我们都知道，储蓄其实是一种积少成多的金钱游戏。无论你想成为富翁，还是进行资本的原始积累，你都要遵循积少成多法则。就像勤快蚂蚁，虽然身板小，却凭借持之以恒的精神与勤奋，积累了巨大财富，而那只看不起小小积累的懒蚂蚁差点儿饿死。这些告诉人们，想要投资理财，一定要看重积少成多法则。只有通过对金钱一分一毫的储蓄积累和重视，我们才能在未来实现财富自由。

我们来看一则故事：

有一对贫穷的夫妻，他们经常手头拮据。妻子对丈夫说："你不可以抽烟了，抽烟的花销积累起来也非常大。"

丈夫非常不高兴。他认为，自己从来不抽昂贵的烟，每天能花多少钱，难道不抽还能变成有钱人不成。

妻子非常聪明。她告诉丈夫，从今年开始他们做一个实验，每次丈夫买一包烟，妻子就往储蓄罐里放一包烟的钱。结果到了年底，妻子打开储蓄罐，丈夫发现买烟的钱居然是一个不小的数目！

丈夫惭愧地说："老婆，你是对的。"

我们平时看着不起眼的小钱，如果积累节约，长期积攒下来也是一个大数目。这就是投资理财中积少成多法则的体现。我们在储蓄时，很多人看不起小钱，平时经常说"没有办法攒钱""钱不知道是怎么花光的"。希望这个故事可以给予大家一些启示。

故事中的妻子非常有智慧，她不断往存钱罐中放钱，这种行为本就是一种强制储蓄。由此可见，强制定期储蓄，也可以让我们像勤快的蚂蚁一样积少成多，拥有一座小金山。

我们再来看一个例子。你没有必须花钱的理由，但是你挥霍了100元钱，那么你就减少了一笔可以源源不断产生收益的原始资本。这就是会储蓄与不会储蓄的差别。在你挥霍时，有人压下消费的欲望，把这笔钱存进了银行。随着日积月累，积少成多，经常挥霍的人和经常储蓄的人就会具有明显的贫富差异。

比如，小鸣每个月工资是5000元，她每个月都拿出500元作为储蓄基金。这笔钱只占工资的10%，并不会对生活产生太大的影响。但是，几年坚持下来，她就有了一笔数目不小的存款。

那么，为什么储蓄的资金数额一定是工资的10%呢？因为储蓄并不容易坚持，尤其是年轻人花销种类多且大，而10%恰巧是一个比较合理的比例。这就是投资理财中的10%定律。它可以让我们长期坚持储蓄，等到收入稳定时，我们还可以增加储蓄的资金比例，但是最低比例也应该坚持工资数额的10%。

日常应用

积少成多法则既然在储蓄中如此重要，那么我们应该怎样进行实践，更好地进行储蓄呢？

1. 制定合理的储蓄目标

储蓄就是积少成多，从少做起。较好地运用积少成多法则，不仅可以使我们的资金获得增长，也可以培养我们良好的理财习惯，帮助我们逐渐树立远大的理财目标。我们可以从每天记账和制订合理的储蓄目标开始，一步步坚持下去，一年下来就会感受到个人理财能力的变化，同时也会积累一定数额的财富。

2.拟定储蓄时间表，逐步增加定期储蓄

设定实现储蓄目标所需要的年限，有了明确的储蓄规划和目标，我们就可以更详细地进行储蓄。投资理财对时间非常敏感，制定时间表可以积少成多，加快储蓄的进度，做到心中有数。

第四节　利益最大化：不婚的哥哥

😊 幽默故事

哥哥大龄未婚，是典型的不婚主义者。

弟弟一直郁闷，他对哥哥说："哥哥，我的晚年一定是个大额储蓄户。"

哥哥不解地问："为什么？"

弟弟委屈地说："因为你不结婚，别人都只要赡养父母就可以了，但是我还要养你这个孤家寡人。"

趣味点评

弟弟很幽默。一般人晚年只需要赡养父母，但是，因为哥哥不结婚，是孤家寡人，弟弟还惦记着要养哥哥。他把这个"负担"比喻成"大额储蓄户"。无论什么时候，老百姓过日子都要做到"使储蓄利益最大化"，但是此"大额储蓄"非彼"大额储蓄"。幽默的弟弟可是真的害怕这个大的"储蓄"负担！

投资理财学解读

储蓄是我们平时非常重要而且广泛受到老百姓喜欢的理财手段。它安全，同时回报率稳定，还具有随时可以存取的特点。所以无论什么时候，储蓄存款都是我们投资理财中安身立命的保障。

如何才能使储蓄的收益实现最大化呢？如同故事中的哥哥，"大额储蓄"不过是弟弟过多的负担，只有优质的"利益储蓄"才是真正人人渴望的"甜蜜糕点"。怎样把钱存进银行也是一门学问，下面我们来看一看怎样实现储蓄收益最大化。

1. 阶梯式储蓄业务

举例：娇娇有5万元，如果这笔钱都存为定期储蓄，万一有突发事件，就必须中止存款，但那样就会损失很多利息。为了保险起见，娇娇将这5万元分成5份，并以1年、2年、3年、4年和5年为期限，分别存入银行。这样1年后，娇娇就可以将到期的1万元转存为5年期的定期存款。2年后，娇娇可以将另一笔到期存款转存为5年期的定期存款。以此类推，5年后，娇娇所有账户的钱都将变成5年期的定期存款，而且到期时间都是相差1年。这样一旦娇娇需要用钱，就可以取出距离到期日最近的那笔存款，将储蓄利息的损失降到最小。

这个案例就是典型的阶梯式储蓄法，它非常适合保守型储蓄者。这种储蓄方式风险极小，而且很大程度上避免了由突发事件取钱所造成的利息损失。同样，这种储蓄方式也非常适合"月光族"，既可以满足"月光族"的日常生活开支，又可以使他们的存款利息最大化。

2. 短期自动转存业务

举例：小美手头有1万元。她将这笔钱先在工商银行存为3个月的定期存款。到期时，小美将获得利息79.09元。到期后，如果不用这笔钱，小美就把这笔钱改为3个季度的自动转存。她所获得的利息分别是79.71元、80.34元、80.98元，这样转存1年后利息总计为320.12元。小美的这个储蓄方式比活期储蓄的收益要高出251.72元。

这个案例告诉我们，短期自动转存业务可以增加利息收益，使储蓄实现收益最大化。而且，选择本金和利息同时做自动转存业务，也为我们理财省去很多麻烦。

3. 便利的约定存款业务

举例：海芳和小玉是同一家公司的员工，她俩每个月都有1000元的业绩奖金。海芳不会理财，只是把这笔钱放在工资卡中，相当于存活期，1年的利率非常低，只有3.5%。

小玉却琢磨着怎么实现储蓄收益的最大化，她希望每笔钱都可以生出更多的钱。经过一番了解，小玉去银行办理了一个3个月的定期存款业务。她把活期存款金额定为100元，超出100元后，银行会以100元的整倍数，将存款按照约定存期转存为约定定期存款。

这个案例就是典型的约定存款业务。约定存款业务的好处就是，假如入不敷出，约定定期将自动以100元的整倍数，按照利息损失最小原则转存出来，但是如果可以定存3个月，利率就可以增长很高。

4. 12张存单储蓄业务

举例：小李刚结婚，打算进行投资理财。他了解到12张存单储蓄业务适合刚结婚的家庭，于是他将每月的奖金都按照1年定期存入银行。1年后，小李拥有了12张1年期限的存单，而且到期日期分别相差1个月。这样一旦有急用，他就可以支取日期最近的那笔存单，而且其他存单依旧可以获得较高的定期利息。

这个案例就是典型的12张存单储蓄业务。该业务具有很多优点，一是它比存活期利息要高很多，二是如果急需用钱，可以按照时间顺序提取存单，使用非常方便。

尽管储蓄方式有许多种，一笔钱可以用不同方式分别储蓄，但是要想实现储蓄收益最大化，一定要认真研究不同银行的不同存款方式。

正如故事中的弟弟，如果他能看到哥哥"不婚主义"的价值，齐心协力和哥哥一起努力赚钱赡养父母，并且提前做好养老储蓄，也许他在老的时候有大额储蓄还是可能的。

日常应用

只有熟知投资理财的各种知识和理财方式，我们才能够使储蓄收益最大化。那么，我们在储蓄时应该注意哪些事项呢？

1. 多一些利息是有意义的

很多人嫌储蓄投资麻烦，并不愿意在如何使储蓄收益最大化上花费脑筋，往往只是把多余的钱存在银行卡的活期里。其实，他们并没有意识到多一些利息的重要性。只要你愿意努力使储蓄的收益更高，就会有办法理财。

2. 赡养老人是家庭储蓄计划必须考虑的

为了赡养老人，家庭一定要重视将储蓄收益最大化。另外，赡养老人，是为人子女的责任和义务。所以家庭储蓄计划，一定要考虑到赡养老人的资金需要，提早做好养老储蓄。

第五节　4321定律：那就把钱花光！

😊 幽默故事

一对夫妻在研究投资理财的 4321 定律，他们打算把积攒的一笔钱进行合理分配。

妻子说："老公，我不知道怎么分配好，我没明白 4321 定律。"

丈夫激动地说："老婆，不如我们把钱花光，那就没有这个烦恼了！"

妻子听后，气得对丈夫大打出手。

🎤 趣味点评

故事中，丈夫的想法实在不可取。他认为，只要把钱花光，就不需要学习理财的 4321 定律了。这把认真理财的妻子气得对他大打出手。

由这个故事，我们可以看到，投资理财中的 4321 定律可以帮助我们分配家中的财产。如果了解并且懂得了 4321 定律，我们可以更好地进行投资理财。

投资理财学解读

家庭合理理财非常重要，那么，什么是家庭理财的4321定律呢？4321定律是指，将资金总数的40%用于投资理财，30%用于生活费用，20%用于储蓄备用，10%用于保险。

首先，将资金总数的40%用于投资股票、基金、外汇等高收益的理财产品。这种投资可以是定期的，也可以作为一种强迫性投资。定期存款也是一种强迫性投资。

其次，将资金总数的30%用于家庭的衣食住行，除了每个月衣食住行等生活费用，还包括手机费、燃油费、房贷、水电费和维修费等。

再次，将资金总数的20%用于储蓄存款。该存款通常指活期存款，在需要的时候就可以取出来。这部分钱也可以存在支付宝的余额宝中，利息会比较高。

最后，将资金总数的10%用于投资保险，以防止未来有意外发生。而且投资保险本就是一种长远保障规划，是对个人和家庭责任的承担，可以购买商业保险、养老保险或者医疗保险。

通过这个比例可以看出，4321定律适合收入较高的家庭体系和刚工作的上班族。该定律以家庭理财为中心，突出了合理规划家庭支出的重要性，并且在一定程度上约束了"月光族"。4321定律可以让"月光族"有规划地进行投资理财和攒钱，并且让他们有效地控制过度消费。

举例：万红刚工作几年，他基本就是"月光族"。最近家里父母重病，需要他提供医药费。但是，他拿不出钱来。他为此感觉悔恨交加，打算开始学习储蓄和理财。

万红每个月收入 10000 元。他拿出 4000 元用于投资。他跟单位领导学习投资基金，请熟知理财投资的领导帮忙选择基金，这样就能够降低投资风险。然后，他根据 4321 定律，留下 3000 元作为生活费用，用于房租和水、电、煤气等费用。他又把 2000 元存入银行，作为固定的硬性存款储蓄。又用 1000 元给父亲买了保险。

上述这个案例就是 4321 定律在家庭理财中的实际应用。相信万红通过这种资金分配方式，很快就可以改变自己的财务状态，并且可以为家庭分忧，从此告别"月光族"。这里只是举例，4321 定律在投资理财中的具体应用可以根据实际情况做出调整。

我们再来看一则案例，这是一个高收入家庭的案例。

李海和梅小艾是一对夫妻，他俩今年都是 36 岁。李海是一家房地产公司的业务经理，梅小艾是一家会计师事务所的人事专员。小两口收入稳定，年收入 20 多万元，每个月的生活支出为 4000 元。

根据 4321 定律，小两口商量对家庭收入进行合理分配。

他们去年贷款买了一套公寓，房价 115 万元，贷款 15 年，月供 5000 元。首先经过分析，他俩平均每月收入 2 万元，可以将每月收入的 40%，大约 8000 元用于投资股票和基金，这样有利于钱生钱。其次，每月拿出收入的 30% 用于生活开支，大概 6000 元。因为每个月要还房贷 5000 元，为了理财，小两口咬咬牙决定省吃俭用，将剩下的 1000 元作为生活费。再次，每个月拿出收入的 20%，也就是 4000 元作为固定的强迫性储蓄，存在银行里。最后，他们每月拿出收入的 10%，即 2000 元用于保险费用，因为他们准备生育小孩。并且，他们考虑增加保险支出，用于购买人寿保险，或者购买一些终身寿险。

这个案例告诉我们，为了合理规划家庭收入的分配，一些高收入家庭也可以应用4321定律，但是具体操作时一定要结合家庭的实际情况，进行具体的调整。切不可像故事中的丈夫，因为嫌弃理财麻烦而提议把钱花光。正所谓你不理财，财不理你。合理地应用4321定律，可以科学解决家庭投资理财的问题。

日常应用

投资需谨慎，应用4321定律也要遵循一定的原则。下面我们看一看都需要遵循哪些原则。

1. 不盲目跟风

理财要有自己的主见。根据4321定律，收入的40%可以用于投资理财，这需要投资者理性投资，不要盲目跟风，要多学习投资理财知识，在熟悉市场后再进行投资。

2. 不明白的投资不要碰触

即使4321定律再好，但是如果你不明白投资对象和投资产品，看不懂股票和基金等投资理财产品，也不懂保险，那么，为了保险起见，最好是按这个比例将固定金额存入银行，可以先通过储蓄方式让钱生钱，总之确保资金安全是投资理财要遵循的第一原则。

3. 分散投资更安全

大多数投资人并不是专业人士，所以为了保障投资安全，降低投资风险，将资金的40%进行分散投资，更为安全可靠。

第六节　管理好你的银行卡：老公好"富有"

😊 幽默故事

老婆叹气说："老公，我们家太穷了，家里什么值钱的东西都没有，很丢人。"

"谁说的，我们家虽然没有钱，但是看起来相当富有！"老公得意扬扬地拿出钱包，里面有好多银行卡。

🎤 趣味点评

老公钱包里有大量的银行卡，乍一看以为多富有，其实每张卡都没有储蓄。然而，爱面子的老公居然用这种方式让自己看起来相当富有，这真是让人啼笑皆非。

通过这个故事，我们了解到，有些人有很多的银行卡，但是，银行卡过多，也许会悄无声息地"吃掉"你的钱财，因为它们会让你产生"富有"的错觉，而停止追逐财富的脚步。所以你不能办理过多而又没用的银行卡。

投资理财学解读

俗话说："卡不在多，够用就行。"这告诉我们，要想投资理财，首先要管理好自己的卡片。千万不要像故事中的老公一样，为了面子，办了一堆银行卡，让老婆哭笑不得。

现在很多商业银行的银行卡普遍收取管理费，如果不了解清楚，办了一堆银行卡，很可能无形中每年都会被一堆银行卡扣掉很多年费和服务费。一定要管理好自己的银行卡，明确每张都是什么用途，然后合理给自己的银行卡"减负"，不需要的卡应该尽早注销。要知道，没有必要手里拿着一堆用不着的银行卡，这会影响你的理财思维。

那么，我们怎样有效地管理自己的银行卡呢？

1. 了解自己需要什么功能的银行卡

举例：小玲今年25岁，在一家广告设计公司上班。她的钱包里有各种各样的银行卡，总共10多张。小玲说，有的是朋友工作的银行搞活动，碍于面子办理的；有的是缴纳水电费、煤气费的卡；有的是还房贷的卡；有的是购买基金、股票的卡；还有的是购买保险用的卡。总之，这些卡塞满了小玲的钱包，甚至很多卡每年都要收取10元的年费。小玲大概算了下，如果每张卡都收年费，每年至少要支付上百元费用。

通过这个案例，我们可以看出，小玲并没有明确自己需要什么功能的银行卡，这导致她什么银行卡都办理。在办理银行卡之前，她需要明确知道哪些功能是必要的，哪些功能是没有必要的，哪些银行卡具有多种功能。这样就可以注销一些不必要的银行卡。

在清理过程中，要充分利用每张银行卡的功能，在各个银行之间进行对比,这样就可以有效取舍,并且可以避免因为卡片过多而造成钱财流失。

例如,现在借记卡大多具有各种功能,可以用于像小玲办理的缴纳水电费等业务。此外,借记卡还推出了理财、消费等特殊功能。小玲完全可以把银行卡的一些功能合并,这样就可以大量减少银行卡,从而减少年费支出。

2.一卡多用原则

举例:小帅是多媒体企业的高管,十分富有。但是,他并没有那么多的银行卡。打开他的钱包,除了现金,只有3张常用的银行卡。他拒绝多余的银行卡和任何形式的浪费,由此可见,他的理财思维非常清晰。他把银行卡都注册成为在线银行客户,这样一来,他既可以消费、储蓄,又可以投资股票、基金,还可以办理很多代缴费业务。

通过这个案例,我们知道,应该尽可能选择功能最多、服务最便捷的银行卡,并且对其功能做最详细的了解。这样就可以一卡在手而满足各种需求,方便实用。

3.清理掉没用的"睡眠卡"

举例:小李的父母退休在家,除了工资存在银行里,他们并不需要办理其他业务。因此小李对父母的银行卡进行了清理。因为父母仅用来存取款,没有留着银行卡的必要,所以小李为父母办理了一张活期存折,清理掉了很多张"睡眠卡"。

通过这个案例,我们可以看到,年纪大的父母可能不需要银行卡,儿女可以为父母注销那些"睡眠卡",办理存折,让老人理财更安心、便利。

4.合理利用信用卡,不可过度让信用膨胀

举例:小美刚刚大学毕业,但是她很爱慕虚荣,总想买高档的包包和护肤品。因此,她办理了很多张信用卡。因为信用卡可以透支,所以小美花钱

大手大脚。由于同时拥有多张信用卡，小美一年内负债过多，根本无法偿还。面对信用卡上的巨额负债，小美患上了焦虑症。

通过这个案例，我们知道，信用卡最大的优点就是透支消费。但是，透支消费一定要谨慎，不能够超过你可以承受的合理范围，否则，信用卡越多，你背负的压力就会越大，最终容易酿成苦果。

综上所述，我们一定要管理好自己的卡片，切莫学习故事中的老公，满钱包的银行卡却没有大用处，一定要精选自己的银行卡，对自己的银行卡进行大清理，使钱包清爽，实现合理理财和办理业务的方便和自由。

日常应用

我们不仅要善于管理好自己的银行卡，还要对不同银行的不同银行卡功能从多方面进行了解。那么，我们该注意哪些方面呢？

1. 下载手机银行 App，方便了解银行卡的多种功能和业务

当决定和选择好一家适合自己的银行后，正确办理银行卡，然后一定要下载该银行的手机银行 App，方便用手机操作该银行的各种业务，并且实时了解自己银行卡的收支状况。

2. 关注银行的公众号

银行的公众号上面有很多关于该银行的实时新闻、政策以及服务，关注公众号，使用银行卡更加便利。

第三章

省心地打理基金理财

基金到底是什么？基金是一种利益共享、风险共担的集合性投资工具，由基金管理公司或者其他发起人共同发起，依照法律通过向投资者发行受益凭证，向众多投资者募集资金。

受银行托管，基金主要由专业的基金管理公司管理和运作，通过投资股票、债券等各种金融工具，以谋求资金长期、稳定的增值。那么，我们应该怎样省心地打理基金理财呢？下边让我们深入具体地去了解吧。

第一节　专家赚钱大法：嘿，你的手指也会有油

😊 幽默故事

银行家的儿子："爸爸，银行里的钱都是客户的，你怎么有那么多钱给咱们家买房子和车子呢？"

银行家："冰箱里有一块上好的肥肉，你把它拿来。"

儿子拿来了肥肉放在桌子上。

银行家说："你放回去吧。"

儿子照办，随后不解地问："什么意思？"

银行家："你看，你的手指上是不是有油啊？"

🎙 趣味点评

故事中的银行家，是投资理财领域的专家。摸过的钱多，自然就学会了运营钱，所以银行家有更多的方式让钱生钱，也就轻而易举地买了房子和车。银行家让儿子去冰箱里拿肥肉，虽然后来把肥肉送回去了，但是手上沾满了油。他通过这件事来告诉儿子，即使你自己不懂，但是只要你跟着"行家"走，也会沾到一些油星。

同时，这个故事也告诉我们，投资理财中，如果你想要以小的投入换取

大的回报，不如试试跟着专家赚钱的基金理财。基金理财，就相当于把钱交给专业投资人士来打理，借助专业和团队的力量，如同银行家一样，可以借着"懂行"的力量来获取收益，这就是我们说的专家赚钱大法。

投资理财学解读

所谓专家赚钱大法，是指在你没有足够的精力和时间打理你的储蓄和现金，并且你并没有足够的金融知识储备的情况下，这时候你又不想冒着风险去投资股票，那你可以试试投资基金，借助专家团队的力量，以求获得长期和稳定的收益。跟着专家走，即使没有"猪肉"，手上也会沾到"油星"。因此，投资基金是一种风险较小，又将股票和储蓄两者的优势"取长补短"的一种好的理财方式。

徐良非常喜欢车，但是他没有多余的钱来买车，他只能在业余时间把关于车的一切技术知识都准备好。一年下来，他考了驾照，逛了车展，把所有喜欢的车都了解了一遍。万事俱备，只欠东风，于是他下决心要通过投资理财，攒钱买车。

徐良并不十分了解股票市场。当身边的朋友都依靠股票、基金赚钱时，他也打算趁着这个牛市时期进入股市捞一笔。

虽然缺乏专业的基金理财知识，但是徐良舍得花钱找专业的专家团队。接下来，根据专业基金公司的推荐，他购买了一些非常稳定的基金，投入了3万元，一段时间后他就赚到了3000元。

见收益非常好，他又找专家推荐，购买了几只当时比较好的基金。就这样，通过借助专家团队，几年时间他就快速地赚够了买车的费用，如愿购买了他心仪的汽车。

有趣又好读的投资理财学

这个案例告诉我们，好的大公司内部专业团队多，经验丰富，有足够的经验面对基金市场的跌宕起伏，所以投资时选择好的大公司，依靠专家的力量进行基金投资，可以事半功倍。

以上讲的是有能力也有余钱进行投资的情况，可以跟着专家赚钱进行基金投资。但是也有以下几种情况，即使跟着专家，也最好不要涉足基金市场。

举例：王微微有一个17岁的女儿，女儿刚刚高考结束，王微微面临要供女儿念大学的问题。这样算来，王微微四年内每年都要提前准备孩子的大学学费和生活费。那么，她就不可以把家里的闲钱用来投资基金。

基金虽然可以获得收益，但是依然存在风险。即使跟着专家赚钱，依然有失误或者赔钱的可能。为了女儿能正常读完大学，这种情况下王微微放弃了任何投资理财，选择了最稳妥的储蓄。

通过这个案例，我们知道，在每个人家庭状况的特殊时期，我们一定要先保证稳定的家庭财产再投资理财，即使跟着专家赚大钱的基金投资，也存在相当的风险。如果王微微不理性，这个时期想靠投资赚大钱，一旦失利，将拿不出孩子读书的费用。

还有一种情况，就是你没有任何赚钱能力，这时候即使你手中有一些存款，也并不适合投入到基金市场中。

举例：小浩的父亲快70岁了，但是他总想发大财。他没有养老金，靠一辈子省吃俭用节省下来的打工钱维持自己的生活。同时他攒了3万元，留给自己以后养老看病。最近他看隔壁的老伙计投资基金赚了钱，小浩父亲就冲动地拿着3万元钱去找老伙计帮忙投资。

好在他被老伙计劝退了。老伙计告诉小浩父亲，即使他有专家团队帮助，也是出现过亏损的。一旦这3万元亏损，小浩父亲将来的养老钱就没有了！

这个案例告诉我们，进行基金投资时，一定要考虑到自己是否有一定经济实力和承担亏损的能力，如果有，自然可以跟着专家赚钱；如果没有，拥有再好的专家，都不建议你踏入基金投资市场。

说白了，投资基金能否赚取利润，要看所具备的条件。如果没有条件，再好的猪肉拿到手，也没有太大的意义，那点油可不要贪图。跟随专家团队赚大钱的方法固然好，但也要谨慎选择，不光要选择好的基金管理公司的专家，更重要的是，你要做好投资理财的规划。

日常应用

如果你想投资基金，那么应该注意哪些事项呢？即使有专家帮助你理财，你也需要明白以下事情。

1. 尽可能地了解基金的基础知识

从踏入基金投资开始，你就必须把基金交易的相关基础知识和规律，以及交易规则摸清楚，尤其要清楚基金的概念、种类、交易过程中应该注意的事项，以及各种基金的特点，这些都应该熟知于心。

2. 选择优秀的专业基金管理公司

可以上网搜索基金评价，按照网上基金业绩的排名，正确分析并选出优秀的基金公司。选对专业团队，才能够真正让专家带着你赚大钱。优质的基金公司，有更优质的服务，选择其进行投资理财也相对省心。

3. 选择优秀靠谱的基金经理人

基金经理人就是我们讲的专家，在基金投资过程中，基金经理人是非常重要的。一位经验丰富、人品好、高度负责的基金经理人，能使你所投入的钱财更加保险地生出钱财。

第二节　基金组合：妙手老板

😊 幽默故事

有一个人问水果摊老板："到底什么是组合搭配利益最大化？"

老板拿来一些不太新鲜，甚至有点儿烂的水果问他："你打算怎么将这些水果卖出去？"

这个人想了很久，说："可以打折，便宜一些卖出去。"

水果摊老板笑了笑。他拿起一把刀，将水果烂掉的部分切掉，然后切出一个非常漂亮的果盘。他说："我可以将它以原价格的十倍卖掉。"

🎤 趣味点评

一堆烂水果，经过巧妙的处理和摆盘，居然成为高价昂贵的果盘。这轮商业营销方面的不当操作，让原本价格低廉的水果摇身一变，有了精美的造型，还通过巧妙的组合搭配，进入了高端市场。这种投机现象，也适用于投资基金的组合型策略。

投资理财学解读

将水果烂掉的部分削掉，然后将不同的水果拼盘组合，故事中卖不出去的水果摇身一变成了价格昂贵的高档精美果盘。这个故事告诉我们，任何经济行为，只要组合搭配，选择和应用得当，都会有意想不到的收益，投资基金也不例外。基金投资中，要非常重视优化基金投资组合，通过优化投资组合，实现稳健高收益。

为了满足投资人多种多样的财富需求，我们可以建立合适的投资组合。这样可以合理利用不同类型的基金种类，做到取长补短，帮助投资人稳定地获取更大的收益。

我们知道，股票型基金能够快速创造出较高收益，但是它的风险也大。债券型基金、货币型基金安全风险小，可以有效地分散投资风险，并且保持高于储蓄存款的收益。因此，基金投资组合要结合客户的实际情况和实际需求，正如故事中的老板一样，你只要正确地削掉了水果"烂掉"的部分，搭配有价值的水果和拼盘，就能够创造出高价值的"新产品"。下面我们举一些基金组合的例子，然后进行分析。

1. 单身没有经济压力的人群

举例：海涛今年35岁，单身。他并不打算结婚，所以没有任何家庭负担，加上他每个月收入有2万元，他很快便攒够了10多万元，准备购买基金投资。

案例分析：海涛，没有家庭负担，而且余钱比较多，属于为了追求资产增值，能够承担一定风险的个人基金投资者，因此可以选择投资股票型基金，并且可以合理地搭配一定比例的债券型基金。这样他可以充分地利用股票市场，来技术性地谋取资本快速增值的利益。这种投资组合非常适合海涛这种单身没有家庭负担、钱财有余的人士，毕竟投资有风险，但是勇敢投资，也是获得较高收益的根本。

2. 收入稳定、工作繁忙的上班族

举例：小敏是一家企业的会计，她的工资非常稳定，每个月8000元，但她平时工作非常繁忙，根本没有多余的时间去额外花销，也没有太多的精力去理财。因为没有大额支出，她选择了白领型基金组合进行理财。

案例分析：由于小敏收入稳定，工资比较高，又没有短期内的高消费计划，因此她可以承受一定程度风险的基金投资组合。根据小敏这种上班族的情况，她可以选择以股票型基金和配置型基金为主，以债券型基金为辅，这种投资组合兼顾了两边的风险控制，同时能够达到稳健的收益。

3. 准备生育孩子的家庭

举例：薇薇今年31岁，她和老公商量今年要孩子。他们二人的工资加起来近2万元，除了每个月要还6000元的房贷，其他消费水平并不高。但是他们急于投资基金，想要为家庭增添人口储备一些资金。

案例分析：薇薇的家庭属于追求中等投资风险，并且渴望获取较高收益的家庭。但是由于本身的经济实力并不强，所以考虑选择初建家庭型基金组合，即以配置型基金为主，同时购买少量的股票型基金和债券型基金。这样有利于薇薇的家庭资产稳定增值，在保本的情况下有一定高额收益的空间，适合他们家庭为增添人口准备储备金的需求。

4. 有子女的稳定家庭

举例：林默今年46岁，孩子马上要读大学了。他的收入稳定，是一家房地产公司的销售经理。他想在孩子读大学前，通过投资，给孩子准备一笔

教育经费。

案例分析：林默收入稳定，家中有子女求学需要供养，属于有子女的成长型家庭人群。这个家庭投资基金追求中等风险，并希望得到稳定的投资回报，所以他可以选择家庭稳定型基金组合配置，以配置型基金为主，然后购买一定比例的债券型基金，并且配置少量的股票型基金。这样就能够保证在稳健中低风险下，可以兼顾资产的中长期保值和增值的收益性。

5. 退休后的中老年人群

举例：刘大爷今年退休三年了，手头有一定的积蓄。看到很多人因进行基金投资赚了钱，他也希望拿出来一部分积蓄进行投资理财。但是，刘大爷非常胆小，害怕一辈子的积蓄打了水漂。于是，他前来银行咨询该如何理财。

案例分析：刘大爷属于追求较低风险水平的投资者。像刘大爷这样的中老年退休人群，辛苦攒一辈子钱，既不愿意承担投资的高风险，又对"一夜暴富"兴趣不大，他们的诉求就是希望钱比存在银行里更能稳定增长。因此，他们适合选择退休养老型基金组合配置，即选择以低风险的债券型基金为主，少量组合配置型基金，这样可以平稳地获得一定收益。

最后，要想做到高效的基金组合，还需要具体问题具体分析，并且结合市场行情，来选择投资理财产品。总之，投资基金有风险，投资组合就是为了分散风险，我们一定要打好手中的牌，对手中"任何状态的水果"都可以进行高配改装，以确保投资理财的风险最低，从而获得稳健收益。

日常应用

根据市场变化，调整基金的投资组合要遵循一定的原则。那么，我们该遵循哪些原则呢？

1. 资金原则

资金储蓄量大，并且家里没有负担的投资者，可以选择风险较大的基金投资组合，一旦亏损，也承受得起。但是，如果投资者的家里并不富裕，不建议投资风险大的任何基金组合。

2. 时间原则

投资任何基金组合，都需要耗费大量的时间，从选择基金产品、到熟悉操作工具和积累基金投资的知识和经验，每天都要拿出相应的时间进行操作、观察和学习。所以说基金组合的投资，更是一场时间的投资。如果投资者没有做好时间的准备，并不建议自己进行基金组合投资。

3. 心理原则

每个人的心理承受能力都不同，因此在投资理财中，如果你的心理素质高，可以适当选择一些高风险的基金投资组合。这样在投资中面对市场的跌宕起伏，你能够做到临危不乱。如果你的心理素质比较低，建议不要投资任何高风险的基金组合，低风险的稳健组合比较适合你。

第三节　12580定律：驭妻之道

😊 幽默故事

小土向小李讨教"驭妻之道"。

小李说："我的妻子从来不跟我斤斤计较，这都是因为我驭妻有方。"

小王着急地问："快说说都有什么好办法？"

小李自豪地说："每次我做错事和妻子吵架后，我就跑出去买榴梿。"

小王问："买榴梿就没事了吗？"

小李答道："榴梿特别贵，妻子看到后一般就不争吵了，怕我又去买什么。"

小王问："就这么简单？"

小李笑着说："不是的，如果买榴梿都不管用，我就直接跪在榴梿上！"

🎙 趣味点评

故事中，小李的"驭妻之道"可以说相当有策略。小李明白一个道理，任何时候都不可以得寸进尺，尤其是和妻子吵架后，他无论做什么，都必须有一个"见好就收"的态度。这与投资理财中12580定律里最主要的"止盈"原则同出一辙。投资者在发现自己盈利达到8%时，不可以激进，一定要停止赚钱，及时停手。故事中的小李和老婆吵架后去消费很贵的榴梿，而一旦老婆继续发火，他就不再和妻子对抗，而是选择"止盈"歇战，服软去跪榴梿。

哄老婆要讲究策略，基金理财同样讲究策略，那么到底什么是定投的策略呢？所谓基金定投，是指定期定额投资基金，指我们在固定的时间以固定的金额（例如某月的某一天购买固定的金额）投资指定的开放式基金。这种方式和银行的零存整取很相似，而且人们平时所说的基金实际上指的是证券投资基金。

投资理财学解读

知道了什么是定投，那么到底什么是定投12580定律呢？我们来仔细看一下。

基金定投12580定律：

"1"指一个原则，坚持大盘会涨。

"2"代表两种方式，包括大额和小额。大额定投，适合比较有钱并且时间空闲的人，不适合长期持有基金，盈利达到目标8%或者10%就必须止盈，然后再开始下一轮，要学会看净值预估。小额定投，适合新手或者需要强制储蓄的人，从长远来看，收益一定超过一般的储蓄理财，所以选择好时间、金额，周定或者月定就可以。只要长时间坚持且投资比例较大，一般都会给你带来惊喜。小额定投时，你对大盘无须过多关注。

"5"代表5个品种，指可以购买几个不同种类中最具投资价值的基金。

"8"代表8%止盈，止盈之后不用等待，可以立即开始下一轮。

"0"代表回归原点，再来一轮。投资基金不要一次性买太多，要分批买，这样做可以拉低成本。

了解了基金定投12580定律，就会明白，定投是低风险与稳定收入的代表。那么，基金定投与其他投资方式比有哪些优势呢？我们来看下边的例子。

案例一：2023年1月，小慧购买美国脐橙，每斤10元，她花10元钱买了一斤脐橙。等到3月份时，脐橙的价格降低到每斤5元，小慧同样花10元，购买了2斤脐橙。

我们来分析，上述案例中，小慧购买脐橙的平均价格是多少？很多人给出了这样的计算方式：（10+5）÷2=7.5元，他们认为这个数就是购买脐橙的平均价格。其实这种算法是错误的，正确的计算方法应该是：（10+10）÷3≈6.67元。通过这个例子，我们可以形象地看到固定定投可以稀释投资成本，即通过基金定投，在不同的时间点、不同市场价格时购买同一份基金，可以"平均投资成本"，这样做就可以提高市场不稳定时的投资收益。

案例二：2022年，海军经过市场分析，认为新能源汽车是"热点"。当时，有一只主投新能源汽车的基金新发净值在1元左右，海军觉得不错，就开始跟进。

值得庆幸的是，1个月后，在这只基金封闭期结束可以赎回时，净值已经在1.1元左右，也就是说，短短1个月，海军赚了10%。这时候，海军并没有"落袋为安"，而是选择"放着"。海军属于有闲钱的类型，他选择继续定投，准备做长线投资。因为他对新能源汽车的前景非常有信心，所以继续追加投入了50万元，并坚持一直持有。但是，这只基金很快就把他赚的那笔钱赔了进去，直到2022年年底，市值一直处在上下浮动的境地。进入2023年，情况开始"急转直下"，最低时净值不足0.7元。换句话说，不仅把原来赚的10%都赔完了，又赔进去了30%。

这个案例非常典型，海军如果坚持定投的12580定律，在发现收益超过 8% 时，及时采取止盈策略，他购买的这份新能源汽车基金就不会被套在市场里，一点点地赔进去那么多钱。海军定投的失败，告诫我们一定要重视 12580 定律，及时止盈非常关键，绝对不可以像海军一样，没有在盈利超过 8% 后选择"落袋为安"，而是选择随便"放着"，这种态度是非常错误的。

那么，有人就会问，长期进行基金定投真的容易赚到钱吗？其实答案是比较肯定的。最重要的原则就是，你一定要选择一只质量比较好的基金。

案例三：从 2018 年 3 月到 2023 年 3 月，每月的 10 日，萌萌都在专家建议下选择一只业绩优秀的基金定投 500 元，定投期限为 5 年，总计投入 3 万元，其间跨越了股市崩盘。但是 5 年后收益率高达 21.15%，高出银行利率很多倍。

这个案例充分说明了定投基金收益高、成本低的优势，而且将固定金额转入基金账户，同时起到了强制储蓄的作用。并且定投可以实现复利效果，即使收益率很低，只要长期定投下去，也会产生巨大的收益。

日常应用

基金稳健定投的好处很多，那么稳健定投具有哪些优点呢？

1. 操作简单

投资者可以去基金代销机构办理手续，以后每期都会按照这个定投标准进行自动扣款。定投一般都是每个月进行定投，有的投资者也可以以周、季度甚至天为定期单位，所以定投基金是一种"懒人理财术"，相当简单。

2. 不必太多考虑买进时间

因为股票或者投资，都要考虑"低买高卖"，这个时机怎么把握让很多投资者浪费了大量精力，但是基金定投就解决了这个烦恼。你不需要考虑这些，更不必太在乎市场价格的短期波动，你只要坚持长期定投就可以。

3. 手续便捷

现在大多数银行和证券公司都开通了基金定投业务，投资人只要去相关网点办理手续和开通服务就可以。如果你是基金投资的小白，想从低门槛入门，那么有些银行甚至允许100元就可以开始基金定投，这样你就可以放心开始基金理财了。

第四节　三角法则：三角恋

😊 幽默故事

上课时，数学老师特别强调三角形是最稳定、最坚固的。

学生愤怒地敲了敲桌子。

老师问："同学，你有什么不满意的吗？"

学生回答："老师，您说三角恋有稳定的吗？"

🎙 趣味点评

老师想让学生们知道，三角形是最稳定和最坚固的。谁知这位同学被老师的说法气到，他认为老师是胡说八道，"三角恋"哪里有稳定的！这个学生的想法真的让人哭笑不得。

其实，投资理财中也有所谓三角法则，只有处理好三者关系，它们才有可能相辅相成，成为最稳固的"铁三角"。遵循该法则才能在基金投资中获取利益。

投资理财学解读

在投资理财的道路上，想要获得稳健的收益，我们一定要遵循三角法则。

那么，三角法则都有哪三条呢？

第一条：投资最忌盲目冒险。

投资理财需要冒险，而且风险越大，一旦成功获得的收益就会越大。但是，如果投资者盲目冒险，那么就像最不靠谱的"三角恋"里的三角关系，容易使自己"赔了夫人又折兵"，因此投资要避免盲目冒险，否则会损失惨重。

2008年，一位英国朋友来李先生家做客，给李先生4岁的儿子带来一款高科技玩具。这款玩具得到了李先生所在小区很多孩子的喜爱。这让李先生惊喜。他认为自己发现了商机。他找来会英语的朋友，翻译出了这款玩具的中文说明书，然后想办法联系国外生产厂家，表明自己想做那个玩具厂的中国业务代理。

这家英国公司的老板很高兴，他告诉李先生，加盟成为该玩具的代理商需要80万元。当时，李先生并没有这么多钱，但是他发现，加盟后每个玩具的成本仅40美元，折合人民币也就300元左右。这与国内普通的中端玩具价格相差不多，而且，这款玩具属于高端玩具，这样看来一定是稳赚不赔。

李先生十分具有冒险精神。他认为"舍不得孩子套不住狼"，他坚信，投资这家玩具厂可以让他发大财。因此，他不顾家人的反对，抵押了房子和车子，又从亲戚那借了一笔钱，凑够了80万元，正式开办了该英国玩具厂商的中国加盟店。可玩具店火爆了10多天以后，便再无人问津。李先生积压了上万件玩具，后来只得低价处理。不到半年，李先生就赔了近70万元！

李先生之所以做生意惨败，就是因为他盲目冒险。他本来并不熟悉怎么样做生意，单单凭借小区里孩子们对这款玩具的喜欢，就认为发现了商机，而且没有冷静思考并仔细考察中国的玩具市场，仅是凭借一腔热血，甚至抵押房子和车子去投资加盟。这违反了稳定的三角法则。这种投资本身就是高风险的，更应该量力而行，所以压上家庭的全部财产做这种发财梦实在不可取。

这个案例说明，性格不成熟、像赌徒一样莽撞的人，并不适合投资。要想在投资中获利，必须做到理智、自制。

第二条：找准自己的"市场"。

一位养老基金的经理，曾在《华尔街日报》上这样描述："投资者就像群居动物，他们一起观察相同的目标，聆听相同的预测。像旅鼠一样，他们往往在同一时间往相同的方向迁移，正是这种行为，加剧了股价的波动。"

因此，人们常常将投资者盲目随大流的行为比喻成旅鼠成群的自杀行为。正是因为如此，投资理财的三角法则告诉我们，投资者如果盲目跟随市场，往往在基金领域投资失败。只有能够找准自己的"市场"，进行有目标、有目的、头脑清晰的投资，这才是最好的投资。

莫非是一名投资人。他从来不盲目跟随大众市场而随波逐流，而是喜欢找准自己的投资地盘。20岁时，他身无分文地来到纽约。凭借对市场敏锐的观察力，两年后他在投资领域帮助老板赚了10万美元。

然后，他辞掉工作，开始一个人打拼。几年后，莫非拥有了数十万美元财产。他擅长在有前途的生物科技企业中寻找投资方向。

莫非成功的秘诀就是他善于找准自己的"市场"，而不盲目地跟随大众进行投资。正如股神巴菲特，他就是投资领域的"蓝鲸"，虽然只占有一小片的领地，但是获得了巨大的成功和利益。巴菲特就是在投资中占据自己的特殊市场，根据实际情况，审查自己适合什么，从而找准市场定位。

第三条：能够准确评估投资基金公司价值。

投资者要学会对投资的基金进行准确的评估，基金的价值是整体性的，它反映了公司的实力和未来发展等综合信息。从这些信息可以判断该基金是否具有投资价值，以及能够获得多大的盈利。而且，学会对基金进行价值评估，可以有效确定自己是否需要购买此基金。

能够准确评估投资基金公司价值，是投资基金三角法则中非常重要的一环。价值评估是价值投资最基础的事项。通过评估基金价值，可以帮助我们做出更正确的判断。

投资最忌盲目冒险、找准自己的"市场"、能够准确评估投资基金公司价值是投资中稳固的三角法则。只有认真遵循这三条法则，投资基金之路才会安稳、顺畅。

日常应用

面对稳固的投资三角法则，我们如何才能最大程度地发挥它的作用呢？

1. 严格遵循三角法则

一定要牢牢地记住三角法则的详细内容，并且按照三角法则稳定地进行投资，只有同时满足这三点，才能最大限度地规避风险，获得稳定的投资收益。

2. 不断学习投资基金的专业知识，减少风险

能够维护三角法则稳固性的秘诀就是学习，只有不断地学习投资基金的知识，不断汲取别人的投资经验，不断提高自己的基金投资能力，才能够更准确地对市场做出分析，才能够坚持将三角法则落实在投资实践中。

第五节　养"基"关键：做好选择

😊 幽默故事

一名女生对自己的职业规划十分纠结。

她问妈妈："妈妈，我想当演员，但是又想当医生。我该怎么选择呢？"

妈妈笑了笑，说："简单，那就当演员，表演医生治病救人。"

🎤 趣味点评

世间有没有"两全其美"的选择呢？故事中的妈妈特别有智慧，她告诉女儿，面对职业生涯规划，不必纠结，大胆地去选择当演员，其他"角色"都可以去演。这个选择真的很出彩。

其实，投资基金的选择也是如此，我们拿积攒多年的积蓄去投资就如同规划职业生涯一般，只有做对了选择，才能有好的未来。

📈 投资理财学解读

养"基"的关键是选择，面对市场中品种繁多、让人眼花缭乱的各种基金，到底应该怎么选择？是否可以如同故事中的母亲那样，做好选择，并且可以使自己满意？让我们来看一下，到底如何选择优质基金？

首先，我们要注意，投资策略是否合理。

小美看着同事投资基金赚钱，非常羡慕，也有模有样地跟着学。但是，她因为缺乏专业技术知识，而且胆子很小，怕亏本，根本没有长期投资的理念，这导致她总是短期持有。时间久了，她在基金市场里亏得一塌糊涂。

这个案例告诉我们，基金投资策略一定要合理，一定要建立长期投资的理念。而且，投资人必须避免持有那些短线投机，以及投资范围非常狭窄的基金。案例中的小美缺乏投资理念，做错了选择，导致了投资失败。

选择优质基金，还要排除营运费用过高的投资选项。慧慧在投资基金中，会认真地对基金营运费用进行筛选。她从来不碰那些营运费用过高的基金，这是她选择购买基金的一个先决条件。她认为，营运费用包括管理费、托管费、证券交易费等，如果这些费用太高，就失去投资的平衡。

很显然，慧慧的决策是一种正确的选择。进行基金投资，就一定要选择利益最大化，然而，过高的营运费用并不是最好的选择。所以，我们要投资的基金的营运费用率和同等规模基金的营运费用率应该大致保持在同一个水平线上，并且保持输入的平衡。

对基金信息是否了解充分，也是养"基"的一个先决条件。

李博然是一个非常细心的人。他购买基金时，会进行多方面的考量，其中一条就是会对基金各方面信息进行充分的了解，不了解的基金他坚决不碰。

他对基金的投资策略，包括投资管理和费用等关键信息都会注意，并且及时了解基金经理的名字和背景。当投资策略有重大调整时，李博然会第一时间知道，而且他会对基金经理的业绩表现有一定客观的了解。李博然的做法，让他在基金上的投资获得了巨大成功。

他的经历让我们知道，选择基金前一定是对基金的各方面情况了解得越细致越好，正所谓做好充足的准备，才能够打好基金投资这场仗。

除了以上几点，我们还要清楚地知道自己需要购买哪一类基金产品。

徐磊购买基金前，提前学习了好多相关的基金知识。他对自己属于哪种家庭类型，以及所能够承受的投资风险类型做了客观的分析：稳定家庭型，中风险。因此自己适合稳健的基金投资类型。他告诉自己，在任何投资前，一定给自己定好位。只有定好位，才能做好选择。

这个案例非常典型，它告诉我们，风险承受能力和投资类型是我们主要考虑的因素。对于股票型、债券型和货币型基金，我们可以按照风险和收益从高到低排序，按照每个家庭的需求来进行选择。只有选择适合自己的，才可以减少风险，令基金投资获得更好的收益。

要做基金投资，基金公司是否值得信赖是关键的要素，需要我们重视起来。

巴菲特曾说："一只优质的基金，首先要考虑的是，它是不是属于一个值得信赖的基金公司。"因此，一定要对基金公司有充分的了解。

一个好的、值得信赖和投资的基金公司，是以客户利益的最大化为目标。一般来说，它们内部的管理非常有序，而且管理体系比较完善。同时，这家公司基金经理人的素质和技术能力也是非常好的。也可以从公司的企业文化去观察，因为它对于基金公司来说非常重要。

这些内容可以为选择基金提供更多的保障，有助于我们选出更优秀的基金。一般来讲，期望短期投资的人，我们不建议进行高风险投资。而投资期限长的投资者，可以不必过于担心基金价格的短期波动，建议选择更为积极和中高风险的投资类型基金。

日常应用

购买基金的关键重在选择,做好选择的前提是加强对投资理财知识的学习。多花一些时间在学习投资理财知识上,比头脑发热盲目地去投资重要得多。

1. 慎重选择基金,不要轻易做出决定

见到别人投资赚钱就眼红,轻率地跟着买进,这是非常不可取的。这种浮躁心理切记不可有,一定要经过认真的研究和市场分析,再结合自身的经济情况,来选择购买基金。投资一定要慎重。

2. 购买后不要轻易动摇和改变

购买某只基金后,一定要经得起"风吹草动",切不可以看到市场价格的一点波动就受到惊吓。心理素质稳定,对于投资者非常重要。购买基金后轻易动摇或者改变不利于长久投资。

第六节 规避风险：丢花盆的女友

😊 幽默故事

小李去看望受伤的小王，看到好友头上缠着厚厚的绷带，问道："哎呀，你是怎么了？怎么变成这个样子？"

小王委屈地说："我去女朋友楼下给她唱歌，她一开心就丢了一束花给我。"

"那和你的头有什么关系？"

"她可能太着急，连花盆一起丢下来了。"

🎤 趣味点评

故事中，小王没有能够规避来自"女朋友的风险"，他在楼下为女朋友唱歌，不知道女朋友是因为受不了歌声的骚扰，故意丢了花盆下去，还是像他理解的一样，女朋友一开心丢了一束花给他，结果把花盆也丢了下去。总之，这次甜蜜刺激下的风险使小王的头缠上了厚厚的绷带。

投资基金也是一样，一定要规避风险，否则如同故事中的小王一样碰得头破血流就不好了。

投资理财学解读

投资基金的优点是可以专家理财、风险分散、规模经营。但是，这并不代表基金就是无风险的投资。相反，投资基金存在风险，我们应该努力规避风险。故事中小王的经历体现了"一切具有甜头的行为背后，都可能存在风险"。投资基金可以获得收益，但这是一个甜蜜的"糖衣炮弹"，虽然风险较小，但是也会让我们像小王那样碰得"头破血流"。这告诫投资基金者要提高警惕，不仅要看到收益，也要看到蕴含的风险，要尽力保护好自身的财产，避免或减少损失。

2015年，股市处于牛市，很多人都在研究股票和基金。大家面对这两项投资产品都跃跃欲试。

小寒听朋友说买基金赚了很多钱，自己也想进入基金市场大捞一笔。其实小寒对基金并没有任何经验，只是盲目地认为牛市必胜，便买了2只基金。其中一只股票型基金还是最新推出的新产品。

很快新基金的利润率达到40%，小寒高兴坏了。他觉得自己找到了人生中暴富的新门路。于是趁着这波行情，小寒又追加购买了6只基金，把多年来所有的积蓄全部投了进去。

但是，小寒追加投资不久后，便遭遇股市崩盘。他购入的基金全线下跌，之前盈利的40%也很快吐出。没多久，他便损失了35%的本金。在股市中，小寒投资的基金并没有给他带来收益，而是像故事中的小王一样被砸得"头破血流"，破财让他欲哭无泪。

小寒的案例告诉我们，投资基金是利益与风险并存的，一定要学会规避风险。正所谓，小心驶得万年船，否则，盲目投资容易输得一塌糊涂。

投资基金时，人们经常会犯各种各样的错误。接下来，我们看一下基金投资应该注意哪些方面：

第一，基金不是股票。

很多基金小白把基金和股票混为一谈，其实，它们二者完全不同。基金的本质是通过委托基金管理公司从事股票、债券等投资；股票的本质是通过购买成为上市公司的股东。另一个重要的区别在于，基金可以有效分散风险，因为它投资众多股票，因此收益相对稳定。但股票不是，股票投资者不能充分地分散风险，因此收益波动大，风险较大。

第二，基金不是储蓄。

举例：董爱兰准备要小孩。她认为买保险和储蓄都不能满足未来孩子教育基金的需求，因此想投资基金。但是她错误地认为，基金既然可以通过银行代销，那么购买基金一定就跟储蓄是一回事，而且收益还高，何乐而不为呢。于是董爱兰把几年的储蓄都提出来购买了几种基金。但是由于她并不懂基金，投资失败亏了40%。她怎么都不理解，基金居然会亏钱！

这个案例告诉我们，基金和储蓄有着本质的区别。储蓄是把钱存在银行，本金是有保障的，利率虽然低，但是几乎没有什么风险。但基金不是，基金是投资证券市场，投资本身就存在一定的风险，虽然有风险，但是也享有高于储蓄的利益空间。

第三，基金不是债券。

债券是按照约定按期还本付息的债权债务关系凭证。债券有国债、企业债券等，国债几乎没有信用风险，并且利息免税；企业债券需要缴纳20%左右的利息税，并且具有一定的风险。相对来看，投资股票基金的风险是比较高的，而且收益并不固定，因此投资债券基金的同时可以组合股票基金，这样可以增强收益的稳定性，并且平衡风险。

日常应用

在进行基金投资的操作过程中，投资者除了要合理规避风险，还要注意规避操作误区。规避操作误区也是规避投资风险。下面是几个常见的操作误区。

1. 手中掌握的基金数目过多

购买过多的基金，不但精力上容易不够用，很难做到对每只基金都能够充分了解，而且在一定程度上会削弱规避风险的作用。因此基金投资中应该多关注基金经理的投资策略，避免持有过多基金。

2. 没有明确的基金核心组合

很多购买基金的投资者并没有收到想要的效益，其中很重要的一点原因就是没有明确的基金核心组合。投资者一定要选定一只业绩长期出色且较为稳定的基金，作为投资组合的"核心"，也就是作为重点投资对象。另外，可以选择一些短期业绩突出的股票型基金或者混合型基金，这样投资的基金核心组合可以促成最佳效益。

3. 倾其所有，盲目投资

如果把所有钱都投资基金，一旦遇到风险，就会影响正常生活，这是一种非常盲目的投资行为。

4. 长期持有并不等于死守

长期持有并不是让投资者死守，适时"止盈"和"止损"都是必要的。投资者应该顺应不同的时机和环境，根据实际情况调整各种战略。

第四章

高风险与高回报的选股之路

到底什么是股票呢？股票是股份公司所有权的一部分，也是发行的所有权凭证，是股份公司为筹集资金而发行给各个股东作为持股凭证，并借以取得股息和红利的一种有价证券。

股票作为资本市场的长期信用工具，可以转让、买卖，股东凭借它可以分享公司的利润，但是也同时承担公司运营所带来的风险。每股股票都代表股东对企业拥有一个基本单位的所有权。下面让我们走进股票的世界，去了解一下高风险与高回报的选股之路。

第一节　羊群效应：仰望天空的尴尬

😊 幽默故事

有一个人，见一群人在仰望天空，他也好奇地凑上前去仰望。可是除了蓝天白云，他什么都没有看到。

他问："你们都在看什么呢？"

结果人人都说不知道。只见一个人指了指说："我看见这个穿花衬衫的男人一直望着天空，我就停下来看他到底在看什么。然后，他们就一个接一个地跟着看天空。"

穿花衬衫的男人郁闷地说道："我流鼻血，只有仰着头才能止血。"

🎤 趣味点评

当一个人仰望天空的时候，其他人莫名其妙地跟随，这种盲从效应最后的真相让人哭笑不得。原来第一个仰望天空的人居然是因为流鼻血，必须仰着头才能止血。这个关于盲从的故事讲的就是羊群效应。

盲从的结果不是失败就是一个笑话，在生活中如此，在投资理财中更是如此，所以我们在股票投资中，更要注意羊群效应。

投资理财学解读

有这样一个故事：在一群羊前面放一个障碍物，第一只羊跳了过去，第二只、第三只也会跟着跳过去。这个时候，假如你把障碍物拿走，后面的羊走到这里，却仍然会像前面的羊一样，向上跳一下。尽管障碍物已经不存在了，但它们还是会这样做。这就是我们常说的羊群效应。

人们常用羊群效应来描述投资个体的从众跟风心理。羊群效应就是比喻人都有一种从众心理，从众心理很容易导致盲从，而盲从往往会使人陷入骗局或者遭遇失败。

王浩是一名刚入股市的新手。无论在公交车、地铁、商场，甚至在工作中，股票都占满了王浩的脑袋。他现在最热衷的事情就是渴望遇到"股票高手"。他常说："我非常羡慕他们，他们懂股票，我要跟着他们投资。"

从 2015 年开始，王浩就开始购入股票。他看着同事刚买了一只股票，30 元建仓，马上就涨到 70 元以上了。王浩的同学刚买的股票连续 6 天涨停。同学是全仓买的，没几天账户就增加了 15 万元的收入。王浩看在眼里，急在心里。可是，他的股票却像被粘住了一样，没有丝毫的上涨。没有收益似乎还可以忍受，也许不久就会上涨，谁知居然有一只股票还开始下跌。

这让王浩的心情很难平静。他发誓，一定要在股市里赚到钱。这个执念导致他抱着"宁愿犯错，也不能错过"的原则进行炒股。只要有谁买的股票上涨，他就马上跟进。王浩把自己周围投资股票上涨的人都奉为"股票高手"，无论谁提及最近投资的哪些股票上涨了，他都会牢牢记在心里，然后把这些股票统统买进。

但是王浩并没有成为买什么都涨的"股神"，反而他犯错的概率越来越高。他常常抱怨："明明别人买时涨势很好的股票，怎么我一买进就开始下跌了呢？"

这个案例里，王浩的股市投资方式就属于典型的"股市羊群效应"。他"宁愿犯错，也不能错过"，盲目地寻找、跟随所谓的"股票高手"，在眼红别人赚钱的急躁心理下，他居然盲目地跟进买别人买的上涨股票。这导致他在股市里输得一塌糊涂。

股市里经常会产生羊群效应，因为股市里经常有暴富神话，所以很多投资者都认为股市遍地是黄金。他们并不在乎自己的眼光是否独到，也缺乏专业的炒股技巧和知识，往往不注重研究股票公司，却把注意力过度放在"周围股民大神"上。这也是王浩这类投资者失败的原因。

他们不仅推崇身边的"投资高手"，还盲目地迷信身边一些来源不清的小道消息。

陈飞最近迷上了炒股，但是他并不懂投资股票的专业知识。起初，因为自身什么都不会，陈飞急得心如油煎。最近他心态变了样，这让他的朋友们都很奇怪，还以为他转了性子。谁知他说："我可找到发财的大门道了！原来股票是有小道消息的！"

原来陈飞经常出没于各种投资理财网站、股票论坛，并且喜欢跟着论坛捕风捉影，甚至为了得到一些小道消息，不惜在那些所谓"专家"身上一掷千金。

朋友们连忙告诫他，在这种情况下购买股票，他注定要赔得底朝天！

陈飞的这种投资行为就属于一种非理性的羊群效应，正如同故事中大多数跟着别人仰头望天的人一样，等到最后才发现领头的人居然是为了仰头止血。不过，故事中盲目跟随仰头望天，只是闹剧一场，股市中盲目跟随，则会赔掉真金白银。

陈飞的经历告诫我们，在投资股票时，不考虑自己的实际情况和购买股票的专业步骤，只是盲目地依赖小道消息和他人舆论，这种随波逐流的投资行为非常荒诞，并且具有风险，十分不可取。

事实上，这种依赖他人决策去投资股票的人并非少数。你可以对照检查一下自己是否也存在盲从投资的行为。

羊群效应可以说体现在股票投资的很多方面。

例如，田海心喜欢研究周围人的股票投资行为。他经常仔细观察，在他人卖出时跟随卖出。他认为自己并不专业，那么身边这些人比自己更具有信息优势。山海心的行为也属于羊群效应。而且具有这种思想和行为的投资人非常多。

目前投资股票的人越来越多，越来越多的股票投资小白加入股市，他们极易形成群体中的羊群效应。在股票上涨时，人们信心百倍地蜂拥而至，跟随买进股票。在大盘跳水时，人们又因为心理素质不佳，集体恐慌，出现连锁反应，纷纷割肉卖出股票。这时候，很容易将股票卖到地板价上。因此，我们一定要牢牢记住，羊群效应造成的可能是假象，股票投资中急速杀跌不是出局的最佳时机。

羊群效应告诉我们：进入股票投资市场，面对各种信息，一定不要盲目跟从，否则很容易成为股市商海的牺牲品。只有认真学习股票专业知识，细心甄别股票行情，冷静分析，相信自己，才有可能在股市中做出正确选择。

日常应用

为了避免羊群效应，股票投资中我们该如何尽量避免跟风操作呢？

1. 投资者一定要"戒急用忍"，结合自身实际综合因素做出判断

无论是股票投资小白还是老手，都不可盲目跟风，一定要结合自身的投资目标和风险承受度等综合因素，设定获利点和止损点。同时避免股票起落引起情绪波动，力求做到"戒急用忍"。

2. 增强抗羊群效应的耐性，不盲从各种专家

看到大众在股票投资中有蜂拥而至的跟随行为时，要给自己敲响警钟，坚定自己的选择和耐心。无论谁说自己投资很成功，都要做到绝对不盲从，都要对股票进行仔细分析、筛选和比较，然后结合综合信息来买进和卖出。

第四章　高风险与高回报的选股之路

第二节　杜绝使用杠杆原理：还不完的债

😊 幽默故事

李红买彩票中了 500 万元。记者采访他："你准备怎么花这笔巨款？"

李红很淡定地说："先把玩股票借的钱还了！"

记者惊呆了，又问："那剩下的呢？"

李红叹了口气，慢悠悠地说："剩下的……剩下的慢慢还呗……"

🎤 趣味点评

故事中李红本来中了 500 万元的大奖，谁想到他玩股票居然借了比 500 万元还多的巨款。当记者采访他要怎么花这笔奖金时，才有了那让人惊掉下巴的回答——"还债"。在人们看来，中了 500 万元的大奖，本是一笔巨额收入，但是对于李红而言，却不够偿还比 500 万元还多的巨额债务。李红依然要继续以往的还债生活。这个故事中借钱玩股票导致还债的行为，正是我们在投资理财中一定要注意的事项：杜绝使用杠杆原理进行投资。

投资理财学解读

到底什么是杠杆原理呢？杠杆原理是指通过借款，以较小的资本投入获得更高的投资回报。这种投资方式可以让投资者在短时间内获得更高的收益，但是同时也存在更高的风险。如果投资项目的回报率低于借款利率，那么将会给投资者造成巨大亏损。

正如故事中的李红通过借贷方式来炒股，结果在股市中输得一塌糊涂，他因此欠了一身债务。所以在股票投资中，我们杜绝使用杠杆原理。

李海涛刚接触股票，就已经迫不及待地想在股市里大干一场。眼看着身边的朋友一天天赚了钱，他却因为没有什么余钱投资而急得像热锅上的蚂蚁。

他想，朋友买股票的获益超过40%，在短时间内快速积累了财富，那他可以借钱炒股，只要能够快速赚钱，还了贷款，自己就会拥有一大笔钱。

在借贷过程中，他的脑子里又冒出一个念头：股票挣的钱远远超过了借钱产生的利息，岂不是借得越多，赚得越多。自己何不多借点，那样就可以赚更多的钱！

很显然，李海涛的这种想法非常可怕。而且，他的这种逻辑在股票投资中也站不住脚。因为股票投资风险极大，股市中的不确定因素很多，就连股神巴菲特都不能保证每次股市投资就一定能盈利，何况他这个新手。如果借了巨额贷款炒股，一旦股市投资失败，赔了本金，投资人就会倾家荡产，血本无归。

所以那些利用杠杆原理，想要靠借贷获取长期盈利的人，本身就是盲目的乐观，而且容易误入歧途。在股票投资中，我们一定要记住：杜绝使用杠杆原理。因为一旦亏损，投资者将陷入危险的困境。

金融大师们更是有这样的共识："杠杆操作的成功虽然会给投资者带来巨额回报，但一旦失败，那么所有投资行为的基数都是乘0，投资者最终将会一贫如洗。"

这些都是告诫投资者，一定要拒绝不必要的负债。就像案例中的李海涛，这种具有"赌徒思维"的人，一旦借钱产生亏损，就会很难翻身。

汪新就是一位头脑清醒的人。他的岳父一直想让女儿女婿投资股票，赚一些额外收入。岳父甚至把养老钱全部取了出来，拿给汪新说："钱算我投给你，你去替我买只股票，赚了咱们五五分。"

汪新果断地拒绝了岳父。他告诉岳父："没有人知道股票市场疯狂起来到底有多可怕。拿着你的养老钱去炒股，万一赔了，下场就是咱俩都过得艰难。"

巴菲特尤其不支持投资股票时使用杠杆原理。他说："如果你不了解投资，就不应该借钱；如果你了解投资，就不需要借钱，反正你早晚都会有钱的。"

以上案例都是告诫投资者，有钱可以多买点，没钱一定要少买点，不要借钱去炒股。使用杠杆原理进行投资是头等大忌。任何投资都有风险，一旦失利，就如同故事中的李红，即使中了500万元的大奖，依然是债台高筑。

投资者一定要理性思考和客观分析，并且拥有平常心。杜绝借款和负债，这样才能够让自己在股票市场中轻松前行。

日常应用

投资股票应杜绝使用杠杆原理,那么作为投资者,应该注意哪些事项呢?

1. 投资者应保持清醒的头脑

股票市场如同战场,不能抱着"赌"的心态进入股市。投资者要保持清醒的头脑,冷静思考是投资股票的先决条件。

2. 学习股票投资专业知识,遵循投资理财学的基本原理

如果你的股票投资专业知识贫瘠,一定要多努力学习。投资理财学中明确指出杜绝使用杠杆原理,股票小白一定要听从这种告诫。

3. 投资者要有定力,切忌虚荣性投资

在看到周围人投资股票赚钱时,投资者一定要有定力。如果没钱就不投资股票,千万不要没钱也要想办法借钱炒股。炒股需谨慎,不可有虚荣心。

第三节　及时止损：打车花了 200 元

😊 幽默故事

小梅快被老公小海给气死了。

邻居阿花问："到底为什么？"

小梅说："他说他聪明绝顶，但是我觉得他愚蠢至极。"

阿花问："此话怎么讲？"

小梅说："他昨天在路上丢了 100 元钱，然后花了 200 元钱打车费把那 100 元找了回来！"

🎙 趣味点评

故事中小海丢了 100 元钱。凭借记忆，他花 200 元钱打车返回丢钱的地方寻找。即便是小海找到了丢的 100 元，减去 200 元打车费，总共算下来，小海还是损失了 100 元。如果小海没有找到 100 元，再加上损失的 200 元打车费，总共损失就达到了 300 元。小海的这种行为简直愚蠢至极。

这个故事告诉我们，在遇到任何问题时，及时止损都是相当必要的。及时止损适用于生活中的任何事情，在股票投资中更要注意这一点。

有趣又好读的投资理财学

投资理财学解读

在股票投资中，第一要务就是要避免出现亏损。就像故事中的小海已经丢了100元钱，就不应该再花费200元钱打车去寻找。这种行为就是不知道及时止损。那么，到底什么是及时止损呢？

在股票投资中，及时止损是指投资失误时，及时采取措施，将损失限制在较小的范围内。具体就是，当某只股票的投资出现亏损，并且达到自己的预期时，及时撤资。止损的目的就是有效控制风险，保护投资者利益。

我们先讲一个故事：

在印度有一个传统，他们喜欢用南瓜来抓猴子。印度人把南瓜挖一个小洞，然后把南瓜掏空，放入猴子爱吃的各种坚果。猴子们会偷偷地跑过来，一下子抓起一大把坚果。这时候，埋伏在附近的人们就会跑出来，猴子赶紧抓起坚果想逃之夭夭。但是猴子抓了满满一把坚果的拳头却无法从南瓜的小洞里拿出来。于是，猴子只好拖着重重的南瓜逃跑。这样猴子还没跑多远，就会被人给生擒了。

猴子因为舍不得放下拿到的坚果，最终被人们抓住。面对投资市场，如果我们手中紧紧地握着利益，该放手时不放手，就会像故事中的猴子一样很容易被套牢，最终食得苦果。

在股市交易中，保证投资者利益的一个重要方法就是及时止损。及时止损非常考验投资者的心理承受能力。如果投资者能够遵循及时止损原则，资金安全将会得到很大程度的保障。

小丽是刚进入股票市场的短线投资者。她以为看了很多书，做了很多功课，投资股票就一定万无一失。因为不懂得把握买点，小丽经常刚刚买进就被套住。这样套住的时间一久，次数一多，小丽的心理状态就开始变得非常不稳定，而且变得非常敏感脆弱，甚至出现了悲观心理。

即使这样，小丽依然不止损。她认为"打死都不卖"，也许最终会有希望。小丽没有止损这个概念。面对投资损失，她表现得十分犹豫，整颗心被不甘心亏钱填满。最终她咬牙，决定坚守战线。这种盲目的坚持导致小丽亏损更多，她也因此一蹶不振。

这个案例告诉我们，在股票投资中，面对亏损不能有不甘心的情绪，一定不要盲目坚持持有，该止损时就一定要及时止损。而且投资者一定要对自己股票投资的亏损限额做好预期计算。当亏损超过自己能承受的预期时，必须及时止损，这一点是投资股票的重中之重。

很多不知道及时止损的投资者，都是因为没有提前设置止损点，面临亏损时没有足够的心理准备，随着情绪走，这样很容易导致风险失控。

投资者在发现自己的投资方向出现偏差，或者市场走势不利于自己时，一定要及时止损，立即停止错误的投资，想办法改变投资策略。只有这样才能实现自救。

及时止损并不是说股票投资都是危险的，我们就不能投资了。我们正是因为设置了及时止损的警戒线，才能确保自己的利益。不要像故事中的小海那样，花200元打车费去找丢了的100元，看似聪明，其实拿着更多的钱去打水漂。

一般来讲，投资者可以设置一个及时止损的警戒线。新手和短线投资者的止损线一般是买入价格的3%—8%，也就是股票价格低于买入价的3%—8%时就应该马上卖出。

对于资金雄厚的中长期投资者来说，他们可承受的风险较大，可以设置买入价格的 10%—30% 为安全止损线，一旦超过 10%—30%，无论怎样都应该立即止损。设置亏损额度的意义主要是保护投资者的资金安全，降低投资风险。这样可以做到心中分明，不会做出错误投资决策。

日常应用

所谓止损，即停止账面的损失。止损作为最后的保护措施，都要坚持哪些原则呢？

1. 稳定心态原则

股市拼的是运气更是心态，没有好心态还是不要炒股。及时止损其实就是好心态的定海神针。面对投资损失，一定不能恐惧，要保持冷静。

2. 不盲目止损原则

坚信止损可以控制风险，但是绝对不盲目止损。比如 25 元的股票，你把止损点定在 15 元，如果股价瞬间跌破了 15 元，但是随后又很快上升，那么这个跌破止损点就是无效的，这时候不可以盲目止损。

3. 不后悔原则

当你及时止损后，如果出现股价上涨，这时候一定不要后悔。一定要善于总结投资股票的种种经验教训，并且保持好的心理状态。如果你对自己的止损行为感到后悔，以后的止损将很难执行。

第四节　市场无效性：不敢捡的钞票

😊 幽默故事

有一个相信市场有效性的经济学教授与学生一起返回学校。

学生："教授，前面地上那是10美元吗？"

教授："那不可能是10美元，如果是，早就被人捡走了。"

教授走后，学生走过去捡起那10美元去饱餐了一顿。

🎤 趣味点评

这个故事讽刺了市场有效性。始终相信市场有效性的经济学教授，在遇到实际问题时，十分肯定地认为，地上的10美元绝对不真实。因为他相信，如果是真实的，早被人捡走了。这个故事让人陷入了深思。它告诉我们，有些道理并不一定正确，在股票投资中市场可能是无效性的。

📈 投资理财学解读

无效性市场到底是什么意思呢？首先，我们了解到，任何市场制度都不可避免有各种缺陷，只是程度不同而已。而且，投资者并不总是理性的，他们容易受到市场情绪的影响或者缺乏足够正确、精准的分析能力；信息并不总是能够被充分披露或者对信息的解读总是存在差异。正如故事中，相信市场有效性的经济学教授，一味认为地上的10美元不可能是真的，却忽略了现实中市场的无效性。万事没有绝对，因为真实的信息没有被正确地披露。

我们再来看一则案例：

在地铁入口处往往会有若干安检通道。按照市场有效性理论，人们会自然地知道该如何排队，哪边人少就去哪边站队。因此，这样分配下来，每个安检通道前的等待时间都差不多，甚至几乎相同。

然而，今天A经过安检通道时，有一个特殊现象发生了。当天，某一个通道前的人特别多，中间通道没有人。A认为，那个没人的安检通道因为出现故障，停止安检，所以没有人。当A在人多的安检通道排队时，工作人员用小喇叭喊道："中间通道没有人，请大家不要拥挤，到中间通道排队安检。"于是A去了中间通道，很快就通过了安检。但是，他注意到，有很多人不愿意去中间通道，仍旧在人多的通道上排队。

这个案例说明了市场的无效性。这种无效性体现在人们并没有按照自身利益最大化而采取行动。因为市场出现了无效性，所以出现了干预性监管，也就是工作人员开始用小喇叭喊话。这反映了导致市场无效性的原因是人们普遍具有惯性，即使发现了自己的错误，也不愿去改正。

这种明知道可能是错误，仍不愿意做出改变的现象，反映到股票投资中，就是投资者在意识到市场的无效性后，并没有立即改正错误的投资做法，还要二次探底，直到再次犯错才醒悟。这在股票投资中是很危险的，很容易导致巨大亏损。

市场无效性反映到股市中，我们可以看到，一些投资高手在股市低迷时大量购进别人抛售的优质股票。如果投资者能够认识到市场无效性，他的投资策略就会被影响。因为多数相信市场有效性的投资者，认为股票价格总是能够反映与股票相关的信息。因此，他们基本的股票操作手法就是追涨杀跌。他们中的大多数不会去了解公司的基本信息，而是喜欢对股票进行技术分析。

但是，如果投资者坚信市场无效性，那么就不会过多地理会股价大盘的涨跌，也不会过多地进行技术分析。坚信市场无效性的投资者往往认为，当公司的内在价值和股票的价格处于同一水平时，就是最佳的买入点。这类投资者更喜欢通过股票公司的营业额和经营业绩的好坏来决定股票的买进卖出，而不看重股票价格的波动。

市场无效性理论是由索罗斯提出的。他认为："人类的认知并不是完美的，因此都存在缺陷或者扭曲。人们依靠有偏差的认识对市场进行预期，并通过这种偏差认识影响了价格的内在规律与价值规律之间的相互作用。而且，市场的走势操纵着需求和供给的发展。因此投资者所要面对的市场并不是理性的，而是一个无效性市场。"

所以，在投资股票时，连巴菲特都这样说："如果股票市场总是有效的，那么现在的我应该在街边乞讨。"因此，投资者一定要正确看待股票价格的各种波动。市场无效性表明，我们不要过于看重股票的涨跌，这也是历来投资大师的箴言。

我们再来看一些关于市场无效性的例子。

中国石油上市的时候股价被推到了49元，然而后面却一路下跌到4.36元。同样，在2015年股市处于大牛市的时候，只要企业带个"互联网+"的概念，股价就发疯了一样短期翻倍。

20世纪90年代后期，互联网泡沫时期，只要带".com"的公司股价就会被推到神一样的高度。这一切都在向我们发问，如果市场是有效的，我们如何理解这些案例？这些案例不正说明了市场的无效性吗？

而且，伴随着市场无效性，投资者的心理状态也会产生巨大变化。因此，随着人性的贪婪和恐惧，市场变得更加无效。

因此，索罗斯和巴菲特一致认为："无论在什么情况下，无论市场如何变化，都不对那些不确定因素做任何预测。将选股的唯一标准定在优质股上，只选择价值优异、价格低廉的股票，而不去关注股市的跌涨起伏变化，不去了解专家的预测，不去打听内部小道消息，不去关注经济形势的变化，在购买股票时只需要注意买什么和买入价格。"

日常应用

通过上面的论述，我们知道市场具有无效性，但是，哪些客观因素会导致市场无效性呢？

1. 信息在传播过程中产生失真和扭曲的现象

有些证券网站的市场新闻栏目故意甚至恶意散布虚假信息，而且很多信息在传播过程中发生了改变和扭曲。

2. 在大众中传播信息并不能一步到位

信息传播在投资大众中不可能瞬间完成，谁是先知者谁就具有先发优势。后来的跟随者并不能够总是跟随获利。

3. 面对同一信息，投资者的认知和评价、投资策略不同

每个投资者的素质都不同，理解能力也不同，因此，即使面对同一市场信息，他们也会产生不同的认知和评价，因此也会做出不同的投资策略。

第四章 高风险与高回报的选股之路

第五节 凡勃伦效应：此裙子非彼裙子

😊 幽默故事

娇娇路过夜市时，听老板叫卖："卖裙子了，品牌折扣，150元一条。"

娇娇很喜欢这条裙子，但是她皱着眉毛对老板说："这么便宜，肯定是廉价货。"

老板听后气得骂道："这是品牌折扣，哪里廉价了！"

几天后，娇娇路过一家高档女装店。一进门她就看到一条和夜市那条打折的一模一样的裙子，但是此刻在灯光下仿佛又不一样，面料上的小钻闪闪发光。娇娇想："在这么高档的店里，和几天前看到的那条裙子的质量一定不一样，起码也得1000元吧。"

娇娇忙问老板："这裙子多少钱？"

"1300元，"老板抬头看到娇娇，马上笑着说，"如果是你买，就150元。"

🎤 趣味点评

娇娇喜欢买贵的东西。她非常爱慕虚荣，并且偏激地认为"贵的才是好货"，并不注重商品的真实价值。同样的裙子，放在地摊上卖，她就认为质量一定不好。在富丽堂皇的品牌店看到时，娇娇居然不认为这是一条和夜市上一样的裙子，甚至愿意花费 1300 元为这条裙子买单。这种现象，正是反映了经济学中典型的凡勃伦效应。

投资理财学解读

凡勃伦效应是指消费者对一种商品需求的程度，因其标价较高而不是较低而增加。它反映了人们进行挥霍性消费的心理愿望。商品价格定得越高，消费者反而越愿意购买的消费倾向，最早由美国经济学家凡勃伦注意到，因此被命名为凡勃伦效应。

在故事中，娇娇对便宜的地摊货并不信任。与之相反，娇娇对品牌店里的昂贵商品格外青睐。这就是典型的凡勃伦效应。

李红家境特别殷实。她从小锦衣玉食，父母都把最好的东西给她。父母买东西给李红的名言就是："宁可不买，只买最贵。"这就造成李红从小到大都是非常爱慕虚荣。她经常以名贵的东西彰显自己身份的尊贵。

李红 15 岁生日时，妈妈更是花费 430 万元给她买了一架天价钢琴。这架钢琴凭借炒作"天生的高贵气质"，成功俘获了李红与妈妈的心。即使知道这架钢琴并不值这么多钱，李红还是吵着要。她们长期通过购买各种奢侈品达到炫富和彰显高贵的目的。

这个案例也体现了凡勃伦效应。李红这种消费者并不仅仅是为了获得直接的物质满足，而是为了在一定程度上获得一种社会心理的满足。因此，商品价格越高，此类需求者反而越愿意购买。

慢慢地，这种现象出现在股票市场中。在投资的时候，我们也会经常遇到凡勃伦效应。

第四章　高风险与高回报的选股之路

在股票上涨的时候，投资者大多数都会受其吸引而争相买进。大家都会觉得，上涨的股票是最好的。因此，人们容易在这时候产生购买行为。而且，人们多数会认为，上涨的股票还会持续上涨。受到极度渴望赚钱的心理影响，他们中的大多不会相信这只股票或许会急剧下跌。

投资者都不愿意相信自己那么不幸运，都愿意相信自己购买股票的时间点和价格刚刚好。因此，即使我们都知道股票在低点买入才是最佳时机，但是股票高价上涨时仍旧会有大批的投资者抢着购买。尤其是投资新手更容易犯这种错误。

我们来看一则案例：

韩虎在股票市场中已经研究了一个多月，并瞅准了一只持续上涨的股票。他发现，随着这只股票节节升高，他的心也跟着七上八下的。每次股票上涨，他都想，如果他购买了这只股票，那他一定已经发大财了。

韩虎本来十分小心谨慎，不太敢冒风险，因为他是瞒着家里偷偷来炒股的。他是新手小白，对于股市还不是很熟悉。但是，眼看着这只股票涨得这么厉害，韩虎急得睡不着觉了。

第二天，他偷着把家里攒的钱取出来，去购买了这只股票。买进后他如释重负，感觉自己一定会发财，再也不用这么火急火燎地看着股票涨价了。殊不知，好景不长，这只股票没过几天就突然暴跌。韩虎还没高兴几天，就把钱都赔了进去。

在股票投资中，这种案例并不占少数。很多新手仿佛都认为，不涨或者下跌的股票就是有问题，而一直上涨的股票才是好股票。他们并不清楚，上涨幅度太大很可能意味着估值太高。而且，下跌的股票，很可能潜在的收益大于风险数值。

总之，上涨的股票就像故事中的那条高价裙子一样，吸引着人们去高价购买，也吸引着惦记它的人们，人们心中对这种股票的渴望那么炙热，这个时候特别容易急于求成去投资。投资股票一定要注意凡勃伦效应，切莫急躁与一时冲动，一定要做到理智分析，综合考虑，把每一分钱都花在应该花的地方。

日常应用

作为股票投资小白，该怎样做才能避免凡勃伦效应呢？

1. 端正投资态度

既然知道了凡勃伦效应，我们就该端正投资态度。投资不是赌博，股票价格也不是越高就越好。投资者要谨慎对待每一次股票买入，不要盲目或者急着购买快速上涨的股票。

2. 多学习投资专业知识

盲目投资的原因很大一部分都是不专业。投资者一定要付出大量精力来研究上市公司年报以及股票的冷门知识。与其满世界找专家不如自己静下心来学习、研究股票的专业知识。拥有成熟知识体系的股票投资者，一般不会掉入凡勃伦效应里。

3. 养成良好的心态

凡勃伦效应很多时候来源于人的一种贪婪和虚荣的心理，在股市中更是如此。投资者一定要养成良好的心态，克服贪婪和恐惧等不良心理，不让这些负面情绪和认知影响自己对股票的正常判断和执行能力。

第六节 "不能急"原则：小偷找不到

😊 幽默故事

听说家里进了小偷，老婆急匆匆地往家里赶，可老公却磨蹭着不走。

老婆生气地问道："你怎么了？快点啊！你这个死鬼，家里被盗，你还不着急！"

老公："急什么？"

老婆："我得赶紧赶回家查查家里的现金、存折是不是被盗了……"

老公："急什么！我找了十多年都没找到，难道小偷一进门就找得到？"

🎙 趣味点评

故事里老公听到自家被偷，依然慢悠悠的，心态良好。原来老婆的藏钱技术非常高超，十多年来，他都没找到家里的钱藏到哪里了，因此信心十足地认为，刚摸进门的小偷根本找不到家里的钱。

这个故事告诉我们，凡事不能着急，连家里进贼都不着急，何况投资股票呢？心中要有定海神针，做任何事情，都要遵循"不能急"原则，投资股票更是如此。

有趣又好读的投资理财学

投资理财学解读

股票投资是一种高风险、高收益的投资活动。自古就有一句话："心急吃不了热豆腐。"投资股票更是如此，切莫过于心急，心急则乱，乱则险。投资股票一定要遵循"不能急"原则。正所谓"财不入急门"，像故事中的老公一样，小偷进了家门，都"临危不乱"，虽然故事暗示了老婆的藏钱技巧高超，但是老公的心态不得不说很值得学习。投资股票也要沉住气，静下心来，才有可能获得意想不到的收益。

但是现实中，面对炒股，很多人都是火急火燎的。很多投资者每天都辛苦地盯着大盘，心跟着股票的价格七上八下。

陈大海的儿子要上大学了，家里需要一笔钱用来供儿子念大学。他就琢磨把攒的钱拿去炒股，赚钱凑齐儿子四年的学费和生活费。

陈大海是个急性子，说干就干。他啥都没弄明白就一头扎进了股市。他特别害怕赔钱，怕把家底都赔进去了。所以陈大海每天都紧张地盯着涨停板的股票，把每天涨幅前20名的股票都放在自选池里，紧紧地跟进。陈大海也追过开盘后10分钟内就进入涨停板的股票。然而，出乎陈大海意料的是，越是这样操作，越是赔钱。陈大海赔钱赔得急眼了。

殊不知，股市投资越着急，越容易乱了阵脚。陈大海在这种心急的状态下持续炒股了半年，差点儿赔得底朝天。

这个案例里的陈大海，就是心急炒股导致失败的典型。他并没有稳定内心，专心研究各种股票的具体情况，也没有早点儿反思为何赔钱，只是火急火燎地买入，仿佛不这样做，优质股就会飞走一样。正是这种怕自己赚不到钱的心态反而容易造成投资失误，让人一而再再而三地在股票市场中吃瘪，终究一路赔钱。

陈大海总结经验教训后，终于发现，心急是赚不来钱的。例如，当一只股票在低位时，陈大海虽然介入了，但是没有耐心，很快就卖出了，购买了另一只股票。这时，陈大海发现，原来卖出的那只股票拉升了，而刚刚买进的股票却开始回调。

他终于明白，股票投资一定要遵守"不能急"原则。因为一旦你经不住赚钱的诱惑，就很容易对高风险的信号视而不见。并且，该止损的时候你也不知道止损，在着急的心态下往往急于求成，总想咸鱼翻身，再搏一搏，这才导致赔个底朝天。

因此炒股一定不能着急，因为着急就不可能静下来分析盘面，不能制订一份好的投资计划，也不能平静地应对变化的股票市场。

投资不能急，尤其最忌有赌徒心态。揣着赌徒心态炒股的人，没有一个是笑到最后的。人人都渴望一夜暴富，但是都应该具有故事中老公"不着急"的理性，应该明确知道自己面对的股票市场具有高风险，一旦赌上身家，赔钱就可能影响家庭和生活。

眼下，股票市场短期投机成风。有一个很重要的原因就是大家都认为长线投资让人看不到前景。投资者并没有看到一个能够让A股长期牛市的保障，因此他们更愿意心急地想着一夜暴富，这样才过瘾。

所以股市里经常有很多人并不去潜心研究股票的基本面，而是选择追涨杀跌。这才会出现股市里"一盈二平七亏"的常态。

作为股票投资者，为了避免这种惨淡状态，一定要遵循"不能急"原则。只有把心态练好，在炒股的时候才能做到收放自如。只有做到该止盈的时候止盈，该止损的时候止损，才能够拿捏好入市的时间点，不适合的时候坚决不进场。

时刻谨记，投资股票是给耐得住性子的人准备的机遇市场。谁耐得住性子，谁就大概率是最后的赢家。

日常应用

秉承投资股票的"不能急"原则，我们在股票市场中，还需要注意哪些事项呢？

1."不能急"但是也不能"太慢"

故事中老公连家中被偷都磨磨蹭蹭不走，这种显然并不可取。你可以在股票市场中保持一种不着急的好心态，但是也不能凡事"慢悠悠"。投资者要做到一定不着急，但是也要能够准确地抓住机遇。

2.不拿全部身家去玩股票

巴菲特曾说："炒股就应该是具有闲钱和闲暇时间的人才去做的事情。"我们并不提倡动用全部身家去玩股票。毕竟股票市场有风险，一旦赔上全部身家，就会得不偿失。

3.不能"迷信"专家

专家如果都那么靠谱，那么他们为何不把预测的股票全部买上？他们岂不是早就成了亿万富翁。所以投资者一定不能盲目听从专家的话，要多学习，多认真研究投资理财技巧。

第五章

用保险建立人生的防护墙

我们如果把投资理财看成构建财富金字塔的一个整体性过程,那么买保险就是金字塔底端关键的一个基础。在生活中,我们必须树立忧患意识,因为一旦遭遇风险,我们的生活将会风雨飘摇。这时候,保险的作用就会彰显。我们提前购买保险,就是为了避免意外和风险。保险在生活困难时雪中送炭,生活美满时锦上添花。让我们走进保险的世界,看一看怎样运用保险来建立一道幸福人生的防护墙。

第一节　幸福人生的保障：打断腿的收益！

😊 幽默故事

小红跟小白说："我赚了20万元！"

小白特别羡慕，赶紧问："怎么赚的？"

小红惭愧地笑着说："我给人推荐股票，结果跌停了，被人打断了腿，保险公司赔我的……"

🎤 趣味点评

小红购买了保险，可谓"幸福人生的保障"。她因为给别人推荐股票，结果让别人赔了钱，被人打断了腿。但是，因为她购买了保险，保险公司给她赔偿了20万元。这种"赚钱"方式真的让人啼笑皆非。通过小红的这件事情，我们可以看出保险的重要性。一旦发生意外，保险就可以给你解困。因此，可以说，保险为我们提供了人生保障。

📊 投资理财学解读

所谓"幸福人生的保障"，指的就是保险。我们先来看看，到底什么是

第五章　用保险建立人生的防护墙

保险？

保险，是指投保人根据合同约定，向保险人支付保险费，保险人对于合同约定的可能发生的事故，因其发生所造成的财产损失承担赔偿保险金责任，或者被保险人死亡、伤残、疾病或者达到合同约定的年龄、期限等条件时，承担给付保险金责任的商业保险行为。

从经济角度看，保险是分摊意外损失的一种财务安排；从社会角度看，保险是社会经济保障制度的重要组成部分，是社会生活和社会生产关系的"精巧的稳定器"；从风险管理角度看，保险是管理风险的一种有效办法。

从家庭角度看，保险是家庭遭遇风险时的保障。如果一个家庭没有保险，一旦遇到意外，这个家庭即使之前有很多财富，都会在一夜之间变得风雨飘摇。所以说保险是"幸福人生的保障"，是家庭危难时的保护伞。

就像故事中的小红，本来被打断腿是不幸的事情，但幸运的是，她有保险，居然意外得到了20万元的理赔，所以她才能安心养伤。

2022年，小玲和小虎结婚时没有举办婚礼，想用省下的婚礼钱出去旅游。出门前，父母提醒他们购买一些旅游保险和意外保险。小虎无所谓地笑着说："我们俩都是幸运儿，根本不用买保险，那就是浪费钱！"

然而，灾难就是这样悄无声息地来临了。小虎和小玲在旅游结束途中乘坐的大巴车遭遇了车祸，小玲和小虎都受了重伤。双方父母面对被撞成重伤的夫妻俩和需要缴纳的巨额手术费，一下子陷入了绝境。小虎母亲哭得泣不成声，她说："如果小两口买了保险，现在就能得到更好的治疗。"

为了救治小虎和小玲，两个家庭都卖掉了房子，可是夫妻俩还是没能苏醒过来。两个家庭的老人一夜间都苍老了许多，也没有了住处……

看到这个案例，我们多希望小虎和小玲当初能够购买保险。当人生出现大的问题和灾难时，我们才会迫切地感受到保险的重要性。因此，保险被称为"幸福人生的保障"。当意外来临，小虎和小玲这对夫妻的两个家庭都被拖垮了，未来两家老人拿什么来养老？所以一定要提前建立好我们人生保障的防护墙，才有可能安然地度过风险，不至于危难时求助无门。

我们再来看一则案例：

佳佳是一位90后女孩。她非常独立，大学毕业后，一直拼命工作。佳佳的老家是农村的，父母身体不好，还有一个弟弟需要供养。所以佳佳省吃俭用，把大部分辛苦工作赚来的钱寄回了老家。

为了让父母可以安度晚年，也为了年幼的弟弟能够受到好的教育，佳佳拼命地加班，因此成了公司里有名的"拼命三娘"。但因为长期熬夜和劳累，再加上吃得非常不好，佳佳明显感觉到自己的身体越来越差，经常头晕。

知道她的情况后，一位年长的同事介绍了一位保险规划师给佳佳，她语重心长地告诉佳佳："赚钱很重要，但是，你这个家庭状况，如果你生病倒下了，一切就都完了。你需要了解一下保险，有一个防范意识。"

佳佳听从同事的建议，结识了保险规划师，她用积攒下的3万元购买了适合她的保险。刚开始，她还时常后悔，觉得自己是不是多此一举。但是，意外就这样悄无声息地降临了。有一天，佳佳加班时突然晕倒，被同事送到医院检查，结果显示，她居然患了白血病。这时候，佳佳才庆幸提前买了保险，才能够救她和全家。

这个案例告诉我们，当遇到一些重大疾病或风险时，保险可以是我们的经济保障。在这个关键的时候，钱并不是一个简单的符号，而是可以救命的。可见，防患于未然任何时候都是正确的选择。

日常应用

保险是我们幸福人生的保障，那么，购买保险需要遵守哪些基本原则呢？

1. 先意外险，后重大疾病险

谁都不知道意外会不会突然来临，如果来临了，意外险可以起到根本的保障。意外险为投保受益人提供生命与安全的保障，功能是被保险人在保险期限内遭受意外伤害导致死亡或者伤残，给付被保险人或其受益人一定量的保险金。所以保险是在最糟糕的人生时刻的最直接的保障。购买保险，最需要防范的是意外风险，然后才是重大疾病。因此，购买保险的优先顺序是，先购买意外险然后购买重大疾病险，这样才科学。

2. 先为大人买保险，后为小孩买保险

很多家庭往往是还没有给大人买保险，但是孩子一出生就为他买保险。其实这是错误的，因为大人才是一个家庭的顶梁柱，只有大人有了保障，这个家庭才稳固，所以买保险一定要遵循"先保大人，再保小孩"的原则。

3. 一份大保单不如若干小保单

如果家庭经济情况不是特别富裕，并不建议一下子购买一份大的保单。保险不是买得越多越大越好，而是适合自己家庭的才是好。买一份大的保单，不如买若干小的保单，这样可以覆盖各种情况。而且，购买小保单比较适合长期计划，一旦家庭收入受损或者减少，可以退保一部分，既能够给家庭保障，也能够减少经济压力，避免损失。

第二节 双十定律：一定能让您终身受益

😊 幽默故事

慧慧新交了一个男朋友。妈妈不放心，非要给慧慧把关不可。

妈妈要来那个男孩的电话，和他聊了很久。挂了电话，妈妈一脸严肃地对慧慧说："这个小伙子一定是卖保险的！"

慧慧惊讶地问："哇，妈妈，您怎么知道的？"

妈妈哼了一声："打了半个小时电话，他总共说了四句话，这四句都是'一定能让您终身受益'。"

🎙 趣味点评

故事中的男孩句句话不离本行，并且，这句"一定能让您终身受益"表明了保险最主要的社会属性。保险就是为了能够给我们的人生提供保障，所以购买保险我们也要遵循一定的规律。双十定律就是购买保险时方便实用的定律，希望它也可以让您终身受益。

投资理财学解读

双十定律是指在家庭投保上的支出，最为适当的比例为家庭年收入的 10%，购买保险额度为年收入的 10 倍。

举例：汪红家的年收入有 15 万元，比较适合的总保险额为 150 万元，那么，保费支出可以是 15000 元。

双十定律就是用来对个人或者家庭的保险金额进行科学的规划评估。

我们应该知道，如果投保金额超过年收入的 10%，就会影响投保人的日常生活质量，造成负担；如果投保金额太少，理赔金额就可能解决不了实际困难。所以，双十定律让人们在购买保险时有了一定的科学依据。

双十定律只是提供了一个保险理念和保费与理赔金额的计算方式，具体是否需要遵守双十定律还要因人而异，并且有些特殊情况，是不适合双十定律的。我们来看以下的案例：

孔丽丽来自农村家庭。她的月收入是 6000 元，扣除吃饭、水、电、煤气、出行费用、孩子的花销，再加上每个月的固定储蓄，剩下大约 500 元。如果按照双十定律，每年收入 72000 元，需要支付保险费 7200 元，相当于这个农村家庭 3 个月的生活费用。虽然从保险额度来看，家庭保额可以高达 72 万元，但是，这对孔丽丽的家庭来说明显是超负荷的，也是不合理的。

故事中最核心的一句话，就是保险"一定能让您终身受益"。显然，孔丽丽家庭并不适合双十定律。这种农村家庭，最主要的是生活稳定，而且购买保险额度不能过高，这样既可以享受一定的保障，又没有经济上过多的负担。

所以说，双十定律在应用时一定要具体分析每个家庭的实际情况，万万不可以死板教条。

我们再来看一则案例：

爱华今年56岁，家中资产3500万元左右，其中固定资产高达2000万元。另外，她还是投资理财高手。她花费500万元左右投资各种股票、债券和基金等。但是，她对保险没有下很大力度投资。相比其他投资，保险投资是她的短处。

今年，保险规划师希望爱华能够重视保险投资。规划师按照双十定律，给爱华制订了购买保险的计划。由于爱华的财富漏洞比较大，应该增加养老保险、重大疾病保险和寿险方面的投入，并将爱华和她先生的身故保额定在150万元，重疾险保额定在50万元。这样算下来，爱华每年需要缴纳保险费用5万元。

这一预算让爱华吓了一跳。她十分怀疑这个保险计划的合理性。凭借她的家底，即使她和丈夫得了大病，也能够一下子拿出所有的治疗费用。难道她真的需要这些保险吗？

其实爱华的怀疑并不无道理。对于她这种富裕家庭来讲，家庭本身已经具有较强的抵御风险的能力，即使出现大病重灾，也能拿出钱来抵御意外的发生。所以这种家庭购买保险更多的不是防范风险，而是财富的传承。

但是，对于大多数普通家庭来说，双十定律还是十分适合的。

例如：谭飞是一家广告公司的设计师，年收入15万元。他每年购买保险大约花费1.5万元，并且把保额设定在50万元到100万元之间。这样一旦谭飞发生意外或者患病，保险都可以帮助他渡过难关。这样不仅减轻了家庭负担，也起到了防御风险的作用。

正如故事中所说"一定能让您终身受益"。这才是保险双十定律的真正意义。

综上所述，我们在购买保险时要遵守双十定律，但是也要具体情况具体分析。面对不同的家庭和个人情况，需要投保多少，要具体按照真正的需求匹配。

日常应用

除了双十定律，我们购买保险还需要注意下面的一些事项。

1. 了解清楚再投保

想要购买哪种保险，一定要做好充足的准备工作。要通过各种渠道提前了解想要购买的保险产品的情况，明确自己购买保险的需求。另外，购买保险的费用最好遵循双十定律，保费最高不要超过全年总收入的30%。

2. 尽早购买寿险

购买寿险的费用是随着被保险人年龄的增长而增加的。因此，越早购买寿险就越合适。

3. 选择适合自己的保险公司

选对保险公司非常重要，一定要找大的、靠谱的保险公司，然后，对比购买保险需求的各种优惠和福利，以便享受最佳的风险保障待遇。

4. 重视附加险的价值

附加险非常重要，由于附加险本身的成本并不高，加上省了销售成本，一般购买附加险的价格会比较低。附加险包括重大疾病保险、寿险、意外事故险和医疗险，这几类附加险都比实际主体保险的费用要低很多。

第三节　小心保险套路：脑袋里面进水了

😊 幽默故事

小伟问小亮："你面前有一个5米深的大坑，里面没有水，如果你跳进去后该怎么出来呢？"

小亮："这还不简单，把脑袋里的水放出来不就能漂起来了吗？"

小伟愣了一下，问："你的脑袋里怎么会有那么多水？"

小亮笑道："如果我的脑袋里没有进那么多水，我为什么要跳下去呢？"

🎤 趣味点评

套路年年有，就看深不深。故事里的小伟打了个比方，问小亮如果跳入5米的深坑应该怎么出来。谁知聪明的小亮不仅没有被套路，还把小伟给套路了，暗喻是他的脑子里"进了水"，不然谁会没事跳入深坑。

小亮说的看似是放出自己"脑袋里的水"，实则用幽默的语言打乱了小伟的套路，这让人不禁啼笑皆非。在保险理赔中，也存在很多套路。我们一定要小心保险套路，否则就会像"脑子进水"一样，跳入深坑。

第五章 用保险建立人生的防护墙

投资理财学解读

按理说,当我们买了保险,且真的遇到大病或者意外时,我们都相信自己一定会得到理赔。其实不然。购买保险时,我们一定要小心保险合同中的各种套路。如果没有认真审核合同条款内容,很可能如同上述故事一样被人套路,明知前方有5米的深坑,也会毫不犹豫地跳下去。购买保险前一定要对保险知识多加了解,因为有些保险经纪人会利用人们的保险知识盲点来欺骗消费者,所以我们在投保时要仔细核对保险条款,这样才可以避免陷入各种圈套。

下面我们来看一则案例:

候心月的家庭是农村的。她大学毕业后十分担心在家劳作的父母的健康。于是她拼命工作,攒了一些钱,给父母购买了保险。她想,即使父母岁数大了生病,家中也有了保障,可以为父母治疗。好景不长,父亲真的得了重病——中风了。由于抢救及时,父亲保住了性命,但是不能讲话了,只能听懂别人说话,身体也瘫痪了。候心月看着自己风雨飘摇中的贫困家庭,庆幸自己提前购买了保险,家中才会有好起来的希望。

但是,在候心月要求理赔时,保险公司拒绝了她的申请。在重大疾病险的合同里有一条条款是:丧失言语,属于重大疾病。但是保险公司给出的理由是:虽然候心月的父亲丧失了说话能力,但是他还能听得懂。也就是说,他还可以用手语表达,并没有完全丧失言语。这里面藏着深深的套路,换句话讲,合同中的完全丧失言语指的是投保人死亡或者变成植物人。候心月感觉上当受骗了,内心十分崩溃。

这则案例展示的就是一种文字条款的套路,当候心月父亲真的中风瘫痪时，竟然得不到有效赔偿。这说明，原来她购买的保险是"保死不保病"的。有些保险公司就是利用文字游戏给投保者挖一些坑，在出现意外时，投保者并不能得到理赔。所以购买保险时一定要认真研究保险合同里面的各个条款，谨防套路，否则即便发生意外也得不到理赔。

我们再来看一则案例：

陈小序今年 49 岁。她离婚很久了，家里有一个读高中的女儿，生活很困难。她总是身体不舒服，为了预防因为重病导致家中经济出现异常，她为自己购买了重大疾病保险。

没多久，陈小序查出乳房里有肿瘤，而且是恶性的。陈小序的家庭本就困难，又摊上重病，她庆幸自己购买了保险。于是她就放心地去治疗了。

手术后，家中欠下巨额债务。陈小序拿着医院的治疗费用单据找保险公司理赔，但竟然遭到拒绝。保险公司告诉她，保单中表明"原位癌不在保列"。

其实这句话就是一个巨大的坑。原位癌的意思就是"癌细胞还没有扩散"，也就是说没有扩散的癌症，即使手术治疗，也不在保险的理赔范围。

这份保险合同故意用"原位癌"这几个字来套路对保险和病理知识了解不多的消费者。陈小序购买保险时并不知道这个词的意思，也没有对条款仔细研究，导致她哑巴吃黄连，有苦说不出。

通过这个案例，我们看出，原位癌属于保险里重大疾病理赔范围中非常大的一个坑。也就是说，如果癌症没有扩散，我们治疗癌症就必须自己出钱。如果你花费几十万元治疗好了，那你买的保险又有何用呢？若癌细胞扩散，人很快就会死亡，赔那几十万元，又有什么意义呢？尤其是对陈小序这种贫困家庭来说，这种套路对这个家庭的伤害太深了。

一些保险公司往往会利用这种文字游戏来套路消费者，所以我们购买保险时一定要擦亮自己的眼睛。

因为现在人们患病率高，治疗费用贵，越来越多的人购买了大病保险。大家都希望在自己罹患重病时，可以从保险公司得到帮助和保障。但是在购买大病保险时，一定仔细审核保险条款，你要确保自己投保的疾病类型符合保险条款规定的"大病"条件。

正如前两个案例之所以得不到理赔，就是因为根本不符合保险条款中的"大病"条件。

所以在选择保险公司、保险类型和具体产品时，一定要依照自己的实际情况，对大病相关条款的文字描述认真地逐条分析和理解，弄清楚后再投保，否则真的发生意外后，却得不到理赔，那就悔之晚矣。

日常应用

小心保险套路，那么我们投保时都要注意哪些细节呢？

1. 对投保范围要认真研究和关注

投保范围在保险公司的任何一款险种和条款中，都有明确规定。如果投保人与被保险人的实际年龄有误，或者投保人与被保险人没有《保险法》规定的保险实际利益，保险公司也会拒赔。这一点一定要明确。

2. 一定要按时交保险费用

保险公司给没有按时交费的投保人的宽限期是60天，在宽限期内发生的意外事故，保险公司承担保险责任。但是，如果宽限期过后，投保人依然没有缴纳保险费用，保险公司会根据保单情况自行处理。因为投保人没有缴费，保单效用中止，如果投保人出现意外事故，保险公司不承担任何保险责任。

3.保险双方要如实告知,遵守诚信原则

保险公司和投保人都一定要遵守诚信原则。意外发生后,投保人一定要如实告知保险公司,任何一个细节都不要遗漏,不可隐瞒。否则,投保人容易失去日后索赔的权利。对于故意不告知事实的投保人,保险公司有可能不承担赔付责任。

第四节 马太效应：国王的奖励

😊 幽默故事

国王要远行，走之前交给三个仆人每人一锭银子。国王对他们说："我给你们每个人一锭银子。等我回来时，再来见我。"

国王回来时，第一个仆人说："陛下，您交给我的一锭银子，我已经赚了十锭银子。"

国王非常高兴，奖励了他十座城邑。

第二个仆人说："陛下，我赚了五锭银子。"

于是国王奖励他五座城邑。

第三个仆人说："陛下，您给我一锭银子，我一直保存着。我怕丢失，一直没有拿出来。"

于是国王将第三个仆人的一锭银子赏给了第一个仆人，并且说："凡是少的，就连他所有的也要夺过来。凡是多的，还要给他！"

🎙 趣味点评

国王给了三个仆人每人一锭银子，结果让我们很吃惊。拿一锭银子赚十锭银子的仆人成了人生赢家，赚得越多获得的报酬和待遇越多。然而，不花银子，仅是替国王保存好银子的人，不仅什么都没有得到，还被夺走了这一锭银子，并且给了那个最会赚钱的仆人。这则故事来自圣经《新约·马太福音》，它告诉我们的道理就是马太效应。

投资理财学解读

马太效应，是社会学家和经济学家的常用术语，它反映了富的更富，穷的更穷，即赢家通吃，强者愈强，弱者愈弱的现象。这是一种两极分化的社会现象。这个现象在保险投资方面也有体现。

马太效应这个概念是1968年由美国科学史研究者罗伯特·莫顿提出的。它概括了一种社会心理现象："相对于那些不知名的研究者，声名显赫的科学家通常能够得到更多的声望，即使他们的成就是相似的。同样，在一个项目上，声誉通常给予那些已经出名的研究者。"

罗伯特·莫顿将马太效应归纳为：任何个体、群体或者地区，在某一方面（如金钱、名誉、地位等）取得成功和进步后，就会产生一种积累优势，那么，就会有更多的机会取得更大的成功和进步。

在投资理财中，人们对保险的认知也存在马太效应。那些家庭财务状况不好的家庭，更应该配置保险来抵抗风险，但是，他们没有足够的经济条件或者保险意识去配置保险，从而导致他们抵御风险的能力更加不足。相反，越是富有的家庭越是配置了丰富的保险资产，他们更懂得利用保险这个金融工具来自己个人和家庭的资产在风险中不受任何损失。

所以为了防止保险中的马太效应，我们这样建议，哪怕预算有限，也要把最基本的意外险和百万医疗险购买齐全。如果投保人的健康状态还不错，就一定要把握时机，尽早投保，以求抵御普通人在保险中的马太效应，让因为贫穷而更需要保险的家庭也具有更好的抵御风险的能力。

汪先生今年42岁，是一家装修公司的高管。公司待遇特别好，给他缴纳了五险一金。因为汪先生感觉身体很差，有风险意识的他提前给自己购买了一份保额80万元的重大疾病保险。

今年中秋时，在一家人的欢笑声中，汪先生突发脑出血住进了医院。虽然汪先生被抢救过来了，但是瘫痪了。社保赔付了一部分治疗费用后，汪先生买的那份重大疾病保险发挥了重要作用。

汪先生是家中的顶梁柱，这个赚钱养家的人倒下了，整个家庭因此陷入了困境。但是，保险公司的80万元理赔给汪先生家雪中送炭，解了燃眉之急，汪先生也有了生存下去的经济基础和医治条件。如果没有这笔巨额理赔，可想而知汪先生的家庭将陷入何等困境。

这个案例告诉我们，即使已经有了五险一金的社会保障，普通家庭也需要商业保险。保险中的马太效应告诉我们，越是需要更多保障的家庭反而越不会去购买保险。案例中，由于汪先生具有居安思危的忧患意识，有效避免了普通家庭中保险的马太效应，这才让他在瘫痪后，家庭获得了一定程度的理赔和保障。

再举一个例子：

孙芳芳对保险很冷淡。只要接到保险人员的电话她就挂掉，并咒骂保险人员都是骗子。她今年52岁了，身体一直不错。虽然家庭并不富裕，但是她认为自己根本没必要购买保险。她常说："那些保险都是骗钱的。"

她没有居安思危的忧患意识，也不太重视自己的身体情况，平时生病就自己买点药。

今年，孙芳芳突然一改常态，慌里慌张地四处打听哪里买保险好。她找到一家保险公司的客户经理，主动要求购买重大疾病类保险。

但是孙芳芳很沮丧，因为这时候的她已经有很多保险不能购买了。原来孙芳芳查出来自己患有乳腺癌，已经住过一次院。巨额医药费对于她本就不富裕的家庭而言无疑是雪上加霜。为了能够得到更好的保障，孙芳芳这时才急着要购买保险。

已经患病的孙芳芳，被保险公司告知不符合重大疾病保险的投保条件，这时候她才后悔莫及。

通过这个案例，我们看到这就是保险投资中典型的马太效应。孙芳芳的家庭本来就不富裕，并且她还没有危机意识，总觉得保险就是坑钱。真出事时，她后悔莫及，自己的家庭完全没有能力抵御重大疾病的风险。

其实，经济不宽裕的人更应该购买保险。我们建议，投资者在身体好的时候，就应该购买基本的百万医疗险、意外险、定期寿险。虽然这些产品并不贵，但是保障的杠杆作用非常大，足可以抵御保险中马太效应的不良影响。

综上所述，改变穷人思维，打破马太效应，需要明确我们的自身定位，并且设立清晰的投资理财目标。尤其是在家庭保险规划方面，要学会多角度思考，未雨绸缪，为应对未来不可预知的风险多提供一些保障。

日常应用

对于我们普通人来说，如何才能抵御保险中马太效应的影响呢？我们该怎么做呢？

1. 居安思危，树立正确的保险意识

越是贫穷，越是需要保险。不要排斥保险，即使没有过多的钱财，也应该花少量的钱购买意外险和有能力购买的重大疾病险种。要对保险有足够正确的认识和重视。

2. 多学习专业的保险知识

知识改变命运。学习和了解专业的保险知识有助于我们改变对保险的主观看法，能够更科学地看待保险作用。对保险知识了解得越多，越有助于打破保险投资中的马太效应。

第五节 避免保险误区：小宝贝！

😊 幽默故事

护士看到病人在病房喝酒，就走过去小声叮嘱说："小心肝！"

病人听到后害羞地说："小宝贝。"

病人妻子正好走进来听到了，跑过去对老公大打出手，说道："让你俩心肝宝贝！"

护士在一旁欲哭无泪。

🎤 趣味点评

有一些误解真的是百口莫辩。但是，一定要避免陷入这类误区。故事中，护士认真负责，看到病人喝酒跑过去小声叮嘱"小心肝"。结果，喝醉的病人听到耳朵里的"小心肝"却变了味道。这个误解让他直接害羞地回答"小宝贝"，这一幕也正好被病人妻子撞见。护士可谓有理说不清，欲哭无泪。

这个故事告诉我们，在生活中，一定要避免误区。尤其是在投资理财中，更要避免保险投资的误区。

投资理财学解读

现在，很多人对保险的认识不够科学，还没有树立正确的保险意识，对保险的认识存在很多误区。对于这些误区，我们要尽量避免。故事中，因为误解，导致妻子对丈夫大打出手，护士百口莫辩。现实中，我们要避免一切误区，尽早规避风险，这才是明智之举。

误区一：买保险的钱不如用来储蓄和投资。

徐飞在一家律师事务所工作，年薪30万元。每个月他需要还房贷、车贷，加上养孩子和生活费用等支出大约2万元。妻子是会计，年收入8万元。这个家庭可以说吃穿不愁。徐飞把余下的钱都用来投资。他购买股票、基金等理财产品，唯独没有给家里三口人购买保险。

徐飞说："我觉得保险大多是骗人的，没多大意义。我和老婆、孩子平平安安的，能出啥事，买保险不是浪费钱吗？有那个钱，还不如拿去炒股。"

徐飞也不认同养老和教育型保险。他认为，他最大的保障就是年轻时拼命赚钱。只有赚足够的钱，才是家里最大的保障。

上述案例体现了人们对保险的错误认知。有这种想法的人数量并不少。其实，他们并不知道，保险最主要的作用是保障。对于贫穷和普通家庭，我们谁都不知道意外什么时候会来临。一旦发生意外和重大疾病，那么保险无疑就是雪中送炭，可以解决家庭的经济问题。对于富裕家庭来说，也许你不缺钱，有钱治病，但是假如你花1万元购买了重大疾病保险，当疾病发生且在理赔范围内时，或许能保住你10万元的财产。所以保险无论是对穷人还是富人，都是一种基本保障。像案例中徐飞那样对保险有着错误认知的人，一定要及时纠正自己的看法，尽早购买保险，为自己和家庭提供保障。

误区二：买保险不是为了保障而是为了投资。

梦琪手头有大量闲钱，听说投资股票有风险，她就想投资保险。据说保险很安全，相当于把钱存银行，到年份后就会有返还。于是，梦琪买了一份保险。她很满意："这份保险交20年，一年交6500元，每三年就返款7500元。"她特别高兴，觉得这次投资很划算。

这个案例中，梦琪的想法是非常错误的。虽然目前很多保险产品确实具有储蓄和保障的双重功能，但是，保险最重要的功能还是抵御风险的保障功能。因此，购买保险时，一定要分清主次，不能仅把保险当作投资理财，一定不要忽略意外给个人和家庭带来的伤害，我们一定要关注意外险、重大疾病保险等。如果只是把保险当作投资，是非常错误的。

误区三：只给孩子投保，大人不用投保。

陈先生的夫人马上就要生孩子了。陈先生是药品销售员，每月工资并不高，大约3500元。但是，他特别在意这个马上要出生的孩子，总想把一切最好的都给他。于是，他准备等孩子生下来后就给孩子买保险。他研究了很久，打算给孩子购买健康医疗保险和教育储蓄保险。一年大约需要缴费5000元。这笔钱对于这个普通家庭来说并不是小数目，但是，陈先生坚定地认为，他和夫人都不需要保险，大人可以省吃俭用，但是不能苦着孩子，孩子一出生就要有这些。

其实，这是许多人购买保险时存在的一种误区，一个家庭最需要保险的应该是家里的顶梁柱。如果顶梁柱出了问题，新生儿就真正失去了保障。所以对于不太富裕的家庭，应该先给家里的顶梁柱购买保险。一旦他们因为意外丧失劳动力或者经济出现问题，有了保险赔偿金就可以使整个家庭不至于陷入困境。因此家庭保险的原则就是先保大人，再保小孩。

误区四：保险买得越多越好。

陈楚人到中年，突然有了危机意识。他和妻子工作有些年头了，家庭稳定，手头也有些钱了。但是他总是恐惧如果自己出了问题怎么办，儿子谁来养。于是怕得大病的陈楚就喜欢购买保险。他走入了另一个极端，认为保险买得越多越好。但是，面对高额保费，陈楚慢慢地有些吃不消了。如果无法按时缴纳保费，之前的保险就白买了。但是，如果继续缴纳保费，生活质量就会持续下降。面对两难，陈楚不知道该怎么办。

这个案例告诉我们，购买保险并不是越多越好，一般投保费用最好是自己年收入的10%，而且要按照年龄、收入、职业、家中实际情况，根据需求来购买保险。另外，你购买的多份保险，也许是多余的。

误区五：年轻人没必要购买意外险和健康医疗保险。

小林和小华刚结婚。保险顾问建议夫妻二人购买意外险和健康医疗保险。但是二人笑着说："我们这么年轻，根本不可能生病，不需要！"结果一年后，小林查出患有宫颈癌。面对高额的治疗费用，小两口傻了眼，真后悔当时没有听取保险顾问的建议购买健康医疗保险。

这个案例告诉我们，无论是年轻人还是老年人，都应该注重购买健康医疗保险。有人认为，年轻就不需要购买意外险和健康医疗保险，这是人们购买保险时普遍存在的一个误区。其实，人们趁年轻给自己以低费率购买一份消费型健康医疗保险，是对自己未来很好的保障。现在的年轻人压力大，而且不少人爱吃不健康食品，亚健康和患病者增多，因此及早购买意外险和健康医疗保险非常有意义。

综上所述，购买保险一定要避免认识误区。否则，就会像本篇开头故事中的护士一样陷入尴尬境地。所以，大家一定要更多地了解保险知识，树立正确的保险意识。

日常应用

不少投资者总是会在无意中掉入保险误区，那么，怎样才能使自己避开保险投资的误区呢？

1. 多参加保险公司组织的保险知识讲座

保险公司一般会定期举办保险知识讲座和酒会，并且细致地讲解保险知识。如果你需要购买保险，一定要多参加这类讲座和酒会。只有多学习保险知识，才能从根源上避免踏入保险投资的误区。

2. 寻找品行好、技术过硬的保险经纪人

找到一位品德优良、技术好的保险经纪人，对于投资者的保险投资非常重要。只有这样的保险经纪人才能够真心为你考虑，从你的实际需求出发，为你制订适合的保险投资计划。如果遇到只想坑你钱或者技术差的保险经纪人，你被带沟里都不一定能够发现。所以投资保险一定要"选对人"，选对人是确保保险投资收益的基本安全保障。

第六节　准妈妈买保险：兔子先生的烦恼

😊 幽默故事

兔子先生最近很苦恼。兔子太太怀孕了，但是她闹腾得厉害，每天不是发脾气，就是吵着要咬人。

兔子先生找到保险公司："请问经理，我太太怀孕了，我可以买保险吗？"

经理人以为兔子先生要给兔子太太购买孕妇险："可以，您太太可以购买保险。"

兔子先生突然哭了："不是，她太能闹腾了，我想给自己买份意外险。我担心我的心脏承受不住……"

🎙 趣味点评

兔子先生去保险公司，保险经理以为兔子先生要为准妈妈兔子太太买保险。谁知兔子先生崩溃哭了，说兔子太太怀孕后太能闹腾，他的小心脏已经受不了了，想为自己买一份意外险。这个故事真让人哭笑不得，但是也暗示我们，作为孕妇会有很多变化，我们应该更多地关注准妈妈，为她提前购买一些保险。

投资理财学解读

随着社会对女性的关注越来越多，保险市场开始出现一些针对女性群体的保险产品。由于女性怀孕和生育期间的风险概率比普通人要高出很多，所以准妈妈可以购买保险来为自己增加一些保障。那么，准妈妈购买保险应该注意哪些事项呢？

我们先来看一则案例：

售楼员陈旭最近心情很不好。她是一名怀孕的准妈妈，还有两个月宝宝就要出生了。她想给自己和宝宝买个保险，结果咨询了好多保险公司，都没有买上保险。陈旭说："保险公司都拒绝我购买保险，都说我现在这个月份不能投保，要等到生了孩子后才能投保。"

作为准妈妈，陈旭想购买保险，为何会吃闭门羹呢？孕妇如何才能获得更为周全和细致的保险保障呢？

这个案例告诉我们，孕妇在怀孕待产这个敏感时期属于高危人群，因此，保险公司一般会对孕妇购买保险有较多的限制，不会随便允许其购买保险。一般怀孕28周后投保，保险公司不予受理，通常要求延期到产后8周才能受理。而且，怀孕28周后，保险公司原则上不受理医疗保险、重大疾病保险以及意外险，只受理不包含怀孕引起的一些保险事故责任的普通寿险，并且要求准妈妈投保前必须进行身体检查，以确保符合投保条件。

所以我们建议，需要购买保险的准妈妈一定要在计划怀孕之前提前购买相关保险。否则，就没办法投保一些重要险种。

我们再来看一则案例：

李先生今年32岁，在一家广告公司做企划，每年收入9万元，妻子陈女士今年28岁，是一家公司的职员，每年收入6万元。他们结婚不久，陈女士就怀孕了，李先生在喜悦的同时也为妻子感到担忧。为了防止意外，通过朋友介绍，李先生给妻子购买了一份一年期的母婴险，保额20万元。同时，李先生还购买了一份一年期的住院医疗险，保额3万元。

不久，陈女士顺利产下一名女孩，夫妻俩十分高兴。母女出院后，李先生拿着住院费用单据找保险公司报销，谁知保险公司居然拒绝理赔。

这个案例非常典型。它告诉我们，准妈妈在购买保险时，必须仔细阅读保险条款，向保险经纪人询问条款含义和赔偿条件。否则，就会陷入保险投资误区。案例中，保险公司拒绝理赔是符合条款约定的。陈女士怀孕期间投保的住院医疗险条款中约定，妊娠期和生育期引发的住院医疗费用属于除外责任，亦称"责任免除"，即保单规定的保险公司不承担赔偿责任的灾害事故及其损失范围。因此，保险公司拒绝了李先生的理赔要求。

上述案例中，李先生为妻子购买的主要是短期的生育险和住院医疗险，为什么不能报销住院费用呢？

生育险主要提供女性妊娠期的一些疾病和因为分娩身故等方面的保障。住院医疗险是针对意外或者疾病住院治疗，并不包括生育住院费用的报销。

因此，准妈妈如果想报销生育时所产生的住院费用，在购买医疗险之前应该就此事咨询保险经纪人，让他为您选择相应的险种。

正如故事中的兔子太太，准妈妈都是高危人群，所以要在备孕期间提前做好准备，提前购买相关保险，并且根据自己的实际需求，向保险经纪人咨询，让其为自己推荐适合的保险类型，并且问清楚都有哪些适合孕妇的保险品种，这样才能选对保险，避免无法报销的事情发生。

日常应用

准妈妈都知道保险的重要性,那么怎样才能制订一个适合自己的保险规划呢?

1. 怀孕前如果想投保健康险一定要留意"观察期"

准备怀孕的准妈妈如果想购买保险,一定要至少提前半年时间。因为很多保险公司都推出了针对妊娠期疾病的女性健康险,这些保险都有一定的观察期。一般购买此类保险,合同都会在签订后90天到180天以后才能生效,有的观察期甚至时间更长。所以准备怀孕的女性一定要在备孕期或提前半年购买保险。

2. 已经怀孕的准妈妈可以选择母婴保险

已经怀孕的女性可以选择的保险类型非常有限。如果孕妇想获得保险保障,可以考虑购买专门为准妈妈以及即将出生的新生儿设计的母婴健康类保险。这类保险一般怀孕期未超过28周的孕妇都可以投保。

这类保险不同于普通的健康险,它是特意为准妈妈设计的,一旦投保即可生效,一方面可对孕妇的妊娠期疾病、分娩或者意外死亡进行保障,另一方面对胎儿和新生儿的死亡也会理赔。

第六章

操控稳健的债券投资

债券是政府、企业、银行等债务人为筹集资金,按照法定程序发行并向债权人承诺于指定日期还本付息的有价证券。

债券是一种金融契约,是政府、金融机构、工商企业等直接向社会借债筹借资金时,向投资者发行,同时承诺按一定利率支付利息并按约定条件偿还本金的债权债务凭证。债券的本质是债的证明书,具有法律效力。债券购买者或投资者与发行者之间是一种债权债务关系,债券发行人即债务人,投资者即债权人。那么,我们如何操控稳健的债券投资呢?让我们一起走进债券的世界去了解吧!

第一节　收益性原则：收益100%

😊 幽默故事

小王偷偷叫来小李跟他说："我投资理财肯定不亏，而且收益100%。"

小李好奇道："你到底做什么了？我也好学学。"

小王说："我买了基金，同时买了保险。"

小李："啊？那怎么会保证稳定收益100%？"

小王豪情万丈地说："我把钱分成两份，一份买基金，另一份买保险。如果基金大涨我就大赚，如果基金大跌我就跳楼，保费赔偿大赚！"

🎤 趣味点评

故事中，小王平均分配资金，分别投资基金和保险，真的是收益100%。他这如意算盘让人哭笑不得。现实生活中是无法如此获得收益的。虽然这个招数不可取，但是故事也说明了投资理财的收益性原则，投资债券我们也要遵循收益性原则。

第六章　操控稳健的债券投资

投资理财学解读

投资者进行投资都是为了获取利益，投资债券也是如此。债券投资的首要原则就是收益性原则。故事中，小王可以说是拿生命去获得收益100%。下面，我们来看一看债券投资的收益性。

李一博是一个公子哥，从小到大锦衣玉食，享受着饭来张口、衣来伸手的生活，这导致他对钱没有什么概念。李一博大学毕业后，不愿意去创业，也看不起打工的。他看到身边的朋友有很多人开始投资理财，为了避免大家笑话他什么都不懂，他也跟着搞起了投资理财。

他的那些朋友年龄都不大，看准了投资债券风险小，收益稳定，因此很多都在投资债券。大家一看他对债券投资感兴趣，就邀请他一起购买债券。李一博非常要面子，朋友们投资什么债券，李一博也购买什么债券。因此，背地里大家都笑话李一博是个大傻瓜，他并不是为了赚钱，只是盲目跟着朋友投资。

李一博知道此事后，非常恼火，一下子赎回了投资的所有债券。然而，提前赎回债券导致他赔了一大笔钱。李一博很不开心。这时，李一博的父亲也知道了此事。他问李一博："你投资债券的目的是什么？人们工作的目的是什么？你对赚钱有没有概念呢？"

李一博第一次开始反思自己。他从小到大都是盲目地跟着别人做事，长到25岁，还不知道赚钱的意义。他第一次听到父亲的教诲，深入思考了投资赚钱的收益性这件事情。他下决心要在债券市场中赚得人生的第一桶金，他要让他的债券投资能够给自己带来收益。他反思了自己的冲动行为，一次赎回所有债券，这根本不是为了获得收益。如果为了获得收益，他就不会这么冲动,做出糊涂事。

从那天起,李一博开始主动跟身边的朋友学习债券知识,虚心向朋友请教债券投资技巧。等到债券到期后,李一博靠债券投资赚了一大笔钱。他告诉父亲:"债券投资让我学会了什么叫作收益性原则。"

这个案例告诉我们,投资债券一定要目的明确,首先最基本的就是要遵守收益性原则。像故事中的小王,为了收益100%,甚至可以连命都不要。虽然表明了投资理财获取收益的决心,但是这种行为并不可取。案例中,如果李一博一开始就明白自己投资债券就是为了赚钱,就不会因为大家背地里笑话他,而一怒之下提前赎回债券,造成损失。好在他在父亲的点化下明白了投资理财的目的。为了能够通过债券投资获得收益,他做了充分准备,学习债券投资知识,吸取别人的债券投资经验,再次投资债券时终于获得回报。

我们再来看一则案例:

孙小海是一名职员,他的母亲最近得了重病。面对高额的医疗费和家中的生活费用,他感到有些力不从心。他想多赚点儿钱,但是不知从何下手。听说股票和基金投资风险高,债券投资风险低,而且收益平稳,他有些心动了。为了给家庭增加收入,他在了解债券投资后,决定购买债券。孙小海并没有盲目购买。他为了能够从债券投资中获得收益,可以说下足了功夫。他了解到收益性原则是债券投资非常重要的一项原则。因此,他一有时间就学习债券的专业知识,经过一段时间的努力学习,他对投资债券信心十足。终于,在收益性原则的指导下,孙小海在债券投资中不断积累经验。最终他不但凑够了母亲治疗的费用,而且也改善了家庭经济状况。他实现了人生与投资理财的双收益。

这个案例告诉我们,在收益性原则和明确的收益目标驱动下,通过努力学习债券知识，可以让投资债券更好地获得收益。

日常应用

现实生活中，我们怎样才能用好债券投资的收益性原则呢？

1.摆正投资心态

投资债券不是游戏，虽然风险较低，但是也要摆正心态。想要获得收益，就要充分做好投资债券的相关准备，了解债券投资属性，明确收益目标，认真研究债券市场形势和产品，投入精力，专注于债券投资活动。

2.努力学习债券投资专业知识

为了达到收益目标，投资者一定要多学习有关债券投资的各方面知识。只有多了解债券市场和债券产品的特点，才能做出正确的投资决策。只有多学习债券投资知识，汲取债券投资经验，才能从债券投资中获得更大的收益。

第二节　安全性原则：忘戴眼镜的丈夫

😊 幽默故事

下大雨的路上，丈夫开车带着妻子拼命往家里赶。

途中，他们的车有两次险些与其他汽车发生剐蹭。一路上，妻子都吓得提心吊胆。

妻子说："亲爱的，你把挡风玻璃上的雨刷器打开，也许有点儿用。"

丈夫非常抱歉地摇头说："没用的，我把眼镜给忘家里了。"

🍷 趣味点评

大雨天，丈夫开车赶路，一路上两次险些发生剐蹭事故。妻子为此担惊受怕极了。她告诉丈夫可以打开挡风玻璃上的雨刷器，这样就能看清前方的车辆和路了。谁知丈夫懊恼地告诉妻子，他忘记戴眼镜了。这真的是让人吃惊。可以说，此时，无论玻璃被雨刷刷得多干净，丈夫开车回家都没有安全性。投资债券也是如此，安全性才是最重要的。我们投资债券，一定不能像丈夫不戴眼镜开车一样跟着感觉走，那样十分危险。我们投资债券，一定要遵守安全性原则。

投资理财学解读

巴菲特曾说过："投资法则第一，尽量避免风险，保住本金；第二，尽量避免风险，保住本金；第三，坚决牢记第一、第二条。"可见，投资债券最重要的一条原则就是安全性原则。

在投资债券的过程中，保障本金的安全是第一位的。我们投资债券，切莫如同故事中的丈夫开车忘记戴眼镜那样，那是非常危险的行为。只跟着感觉走，没有安全保障的事情，是万万不能做的，否则容易掉入万劫不复的深渊。投资理财更是如此，安全性原则作为投资债券中的基本原则，我们一定要遵守。

徐女士离婚了。她一个人带着孩子，经济上遇到了很多困难。孩子还小，她很希望自己可以提高收入，能够给孩子更好的教育环境。因此，她准备投资债券。

都说债券投资的安全性高，徐女士也是初生牛犊不怕虎，认为只要赌一把，一定能获得巨大收益，到时候孩子的教育费用就都有了。

其实，徐女士准备购买债券时，朋友劝她购买国债，因为国债安全，而且对于她这个新手，安全是第一位的，只是国债回报率低一些。朋友不推荐徐女士购买回报率高的公司债，毕竟在安全第一的原则下，选择最安全的国债更适合徐女士。

但是，徐女士不听朋友的劝告，她已经被公司债的高收益所吸引。显然她并不知道购买债券需要一定的专业知识，只是凭借满腔热血，就跟风买了收益高的公司债券。

结果，这家公司的经营出现了问题，很快就倒闭了。徐女士不仅利息没有拿到，还赔了不少本金，可谓赔了夫人又折兵。这时候徐女士才后悔没有听朋友的劝告。所以投资者购买债券一定要重视安全性原则。

案例中，徐女士特别像故事中不戴眼镜开车的丈夫，仅凭一腔热血往前冲。这种赌一把的想法在投资债券中是万万不可取的。投资者一定要牢记巴菲特的投资座右铭："尽量避免风险，保住本金。"

徐女士的投资失败告诫我们，安全性是投资债券的首要原则，不管我们做任何投资，一定要铭记安全第一。

这个案例还告诉我们，政府债券（包括中央政府债券、地方政府债券，中央政府债券又称国债）和公司债券相对而言，政府债券的安全性更高。公司债券的安全性远远不如政府债券，一旦公司信用出现问题或者破产，就有违约的风险，尤其面对公司经营不善引起的破产，偿还全部本息的可能性都不会有。

我们再来看一则案例：

梦如是一所书法学校的老师，她的工资并不高。她怀孕了，想再增加一些收入。她和丈夫研究理财很久了，知道理财可以使钱生钱，决定在投资市场中闯一闯。但是，他们得知投资股票、基金风险系数很高，而投资债券收益则相对稳健，风险系数比较低。他们经过认真学习，了解到国债的信誉度和安全性最高，决定购买国债。

梦如告诉丈夫："虽然家中增加人口需要钱，但是对于不太了解债券市场的我们，坚决不能冒险，安全才是最重要的事情。我们无论投资什么，都要把保住本金作为最重要的事情。"

结果可想而知，他们购买国债赚了钱，用稳定的收益给刚出生的孩子存下了一笔钱，让全家的生活更加富足。

综上所述，投资者一定要把安全性原则作为投资理财最重要的一个原则。尤其是新入债券市场的小白，一定要多学习债券投资的专业知识，可以先从投资国债入手，逐渐积累债券投资经验。因为国债是相对安全的。

日常应用

投资债券的安全性原则如此重要，那么我们遵守安全性原则应该注意哪些事项呢？

1. 不急功近利和盲从

进行债券投资一定要保持平常心，始终保持一种平稳的心态。急于求成，急功近利，都容易造成大的失误。任何投资领域的赢家往往都有一个共同特点，那就是具有平稳的心态。

2. 多了解不同债券类型之间的区别

只有提前把债券投资的基本知识研究透彻了，才有可能做好债券投资。这是投资债券安全性原则最基本的要求。如果对于债券投资什么都不了解，还谈什么投资安全。投资本身就有风险，因此只有了解债券投资的相关专业知识，才能尽可能地降低投资风险，这才是对自己负责，对投资负责。

3. 安全第一，利用组合策略

从安全角度出发，债券投资可以利用组合投资策略来分散投资风险，为投资收益提供保障。也就是说"不要把鸡蛋都放在一个篮子里"，这样可以有效地降低投资中的风险，增加投资收益。例如，投资者可以购买收益稳定的国债为主，同时，为了增加收益，可以再投资一些企业债券和金融债券。

第三节　流动性原则：奔跑的兔子！

😊 幽默故事

兔子很不满意自己的发型，于是就去了理发店，烫了一个红色的发型。

刚从店里出来，他就遇上了一直向他追债的马。兔子见状赶紧撒丫子逃跑。可是，不一会儿兔子还是被马追上了。

马冷笑着看着改了发型的兔子："嘿，你居然还跑得这么快，染成红色就以为自己是赤兔了？你说，你为啥跑？"

兔子嘻嘻一笑："因为债券投资具有流动性，得跑起来啊。"

马儿听后，气得差点儿晕倒……

🎤 趣味点评

故事中，兔子欠了马钱，马去找兔子追债，没承想兔子一见到马就跑。马看到兔子烫的红色头发，讽刺他以为自己是赤兔了吗，跑得那么快？谁知兔子笑着说，因为债券投资具有流动性原则，所以他必须跑，让"债券"流动起来。这简直让人哭笑不得。这个故事体现了债券投资的流动性原则，只有流动起来，债券投资才有更多的希望。

投资理财学解读

债券市场的流动性是指债券在偿还期限到来之前，可以在证券市场上自由流通和转让。对个股而言，流动性原则指收回债券本金速度的快慢。

那么，怎样才能判断债券市场流动性的强弱呢？流动性好的债券市场意味着能够以较快的速度将债券兑换成货币，同时债券以货币计算的总价值并不会减少和损失。与之相反，流动性差的债券市场则表现为债券兑换成货币的时间较长，而且债券以货币计算的总价值上下波动较大，容易造成损失。债券的流动性主要与发行者的信誉和债券的期限有着重要关系。债券的期限越长，流动性就越弱。债券的期限越短，流动性就越强。

不同类型的债券，流动性也不同。政府债券的流动性非常强，它发行后就可以上市转让。企业债券的流动性则不一样。例如，那些信誉度非常好的大公司或者规模虽然小，但是盈利而且经营好的小公司，它们的债券流动性就很强。与之相反，那些规模小、经营差的小公司所发行的债券，流动性就比较差。所以投资者在购买债券之前，一定要对购买的公司债券资信等级和公司业绩进行认真仔细的考察和评价。

综上所述，债券投资的流动性原则非常重要。正如故事中的兔子所说，只有跑起来，才有更多的可能性。因此，人们购买债券时，要选择那些流动性强的债券。而且，目前几乎所有证券营业部门都开设债券买卖业务，这无形中又增强了债券投资的流动性。

我们来看一则案例：

李红购买了一家大企业的债券。通过对该企业的资信等级和公司业绩进行长时间、严格细致的考察，她觉得这家公司非常靠谱。而且，这家企业债券的流动性非常强。因为良好的流动性，李红的投资可以提前变现，并且可以规避可能的风险。因此，李红的这笔投资非常成功。她把投资收益提前落袋为安，然后又投资新的一轮更理想的债券品种，以求可以赚取更高的收益。

通过这个案例，我们看出投资债券的流动性原则和安全性原则、收益性原则同等重要。如果流动性强，中途就能够取出利息，并且可以用于再次购买债券，就等于变相达到了复利效应，这样无形中就可以增加很多收益。

王丽是李红的朋友，也是一名债券投资者。她性子很急，对债券市场和品种也没多少研究。因为看到李红投资债券赚钱了，她很不服气，也想在债券市场捞金。但是，她并没有听从李红的建议，去认真研究企业债券，而是一意孤行，选择了一家小企业的债券，它的流动性并不高。王丽并不懂得投资债券要遵循流动性原则，也不清楚债券的流动性越强，安全系数就越高。结果可想而知。虽然王丽和李红都是投资债券理财，但是李红因为购买的债券流动性强，变现快，比王丽多投资了一批新的债券。相反，王丽买的债券因为流动性慢，自然比李红赚得要少。所幸这家小企业的经营还算安全，王丽也算是小有收益。

这个案例告诉我们，买债券时一定要遵守债券投资的流动性原则。流动性越强的债券，投资风险就越小，而且可以有效组合新一轮的投资，让资本收益翻倍。购买债券时，要注意关注和研究所购买的债券品种，只有了解流动性的重要性，才能选择好的债券品种。

这里顺便提一下，这些债券都可以在交易所内进行交易。而且交易的债券品种都可以实行 T+1 交易结算，而且一般还可以做 T+0 回转交易。也就是说，你可以在同一天内把当天卖出债券所得到的资金用来购买其他债券，这样就可以提高资金利用效率。

日常应用

知道了债券投资的流动性原则，那么，我们怎样才能利用流动性原则获得收益呢？

1. 有意识地提高债券流动性

投资者注意债券本身的流动性原则是根本，然后就是提高债券的流动性。投资者，一定要记住，流动性越强的债券，越容易获得更高的收益，而且安全系数高，可以规避风险。

2. 保持良好的投资心态，切莫急于求成

投资债券一定要保持一种平稳的心态，要提前对有意购买的债券品种和不同债券类型包括债券公司做好调查，尽量做到详细了解。对于债券投资一定要保持耐心和谨慎，小心驶得万年船。

3. 熟悉债券交易流程，学习债券专业知识

债券中途赎回以及转让，一定要熟悉交易流程，而且要多学习专业知识，只有技术精湛，才是流动性最好的推动剂。

第四节　最安全的国债：如假包换的蜥蜴儿子

😊 幽默故事

蜥蜴爸爸从证券大厅出来，遇到了一只肥嘟嘟的小鳄鱼。

他惊讶地大叫："儿子，你怎么突然肥成这样了？"

小鳄鱼还没来得及说话，蜥蜴爸爸突然大笑起来。

他说："儿子，我明白了，你最近投资的肯定是国债，你看你最近都胖成什么样子了。"

🎤 趣味点评

故事中，蜥蜴爸爸在证券大厅与肥嘟嘟的小鳄鱼相遇。蜥蜴爸爸把肥嘟嘟的小鳄鱼错认成自己的儿子小蜥蜴。这时候蜥蜴爸爸大笑，认定儿子是因为投资了国债生活过得好，才长得这么肥。因为国债安全，而且不需要操心，所以蜥蜴爸爸认定儿子是因为赚了钱，活得十分滋润，才变了样子。这场误会让小鳄鱼惊讶得哑口无言。

🐎 投资理财学解读

国债被称为金边债券，也就是最安全的债券。那么，国债到底是什么呢？

第六章　操控稳健的债券投资

国债是指国家为筹集资金以其信用担保向投资者出具的债权凭证，由中央政府承诺在一定时期支付利息和到期偿还本金。

我们都知道，国债的发行主体是国家，国家通过财政税收或者发行新债等筹资方式偿还，并且以国家信用作为担保。因为购买国债没有违约风险，所以我们称国债为最安全的债券。故事中，蜥蜴爸爸误认为小鳄鱼是自己的儿子，因为他认为儿子一定是投资了国债，这种"高枕无忧"就能有高收益的债券投资让儿子吃得好，睡得香，于是变成了胖嘟嘟的模样。

因为国债的安全性高，现在越来越多的人从风险高的股票市场中抽身出来，转向国债投资。

王波是一名投资老手，但是最近他投入大部分身家的股票一跌再跌，他不仅赔了不少钱，更是被忽上忽下的股价折腾出了心脏病。他吃不好，睡不好，瘦了好多。为了规避风险，他决心卖掉股票，转投国债。自从购买国债后，王波不再那么操心了，而且每天也不用像关注股票那样心惊胆战了。他看开了很多。王波投资国债一段时间后，获得的收益不断上涨。他不仅尝到了国债投资收益稳定的甜头，更是过上了舒心的日子，心脏病也慢慢好了。于是，王波决定长期投资国债。

现在国债销售异常火爆。因为它的安全性高和收益稳定，已经成为最受欢迎的投资理财品种之一。如果投资者像案例中的王波一样，想要自己投资的资金安全最大化，少操心，过上安宁的日子，还想投资理财，可以考虑投资最安全的债券——国债。

陈书真今年36岁。她说："我早上7点就跑到银行门口排队买国债，结果时间过了好久，排在我前面的还有很多人。"陈书真在银行门口排了3个多小时的队买国债，可惜这次又没有买到。她说："上一次我就没有买到，这一次我就不信，还是一早就来排队，结果还没轮到我，国债就又卖光了！"

这说明，国债的销售形势相当好。而且，以前买国债的多是老年人，没想到现在，越来越多的年轻人加入了买国债的大军。

国债的品种非常丰富。主要有两种，一种是储蓄国债，也称为凭证式国债，另一种是记账式国债。这两者在发行方式和流通转让以及还本付息方面都有很多不同之处。尤其是年轻人，一定要依据自己的实际情况选择适合自己的国债品种。

储蓄国债的收益非常稳定。它的主要发行渠道是银行，有些类似银行定期存款。储蓄国债可以在到期前支取，只是会损失一些利息。储蓄国债在购买半年以后提前支取，其利率高于活期利率，而且不需要支付利息所得税。储蓄国债的优点是它的到期利息高于同期存款所得利息。储蓄国债主要向个人投资者发行，不可以流通。

如果投资者有大量的闲置资金，或者投资者是老年人，非常适合投资这类长期或者中期的储蓄类国债。

李大爷今年75岁了。他的养老金每年都攒起来，除了存在银行里，并没有做其他用处。银行客户经理联系李大爷，建议他购买一些国债，既安全，利息还比存在银行里高，收益稳定。而且，李大爷这笔钱存在银行里，短期也没有其他用处，这样做可以让钱产生更多的收益。于是，李大爷听从银行客户经理的建议买了一笔储蓄国债，后来果真获得了丰厚的收益。

记账式国债又称无纸化国债，是由财政部通过无纸化方式发行，通过电脑记账方式来记录债权，并且可以上市交易的债券。它的特点是可以记名，也可以挂失。记账式国债属于储蓄债券的升级版。储蓄债券必须持个人有效身份证去银行柜台实名购买，并且各大银行均可购买。记账式国债的购买更为便利，而且很适合年轻人购买，只需要登录网上银行即可办理国债业务。所以记账式国债效率高，成本低，交易安全。

而且，记账式国债根据不同的购买期限，有不同的付息方式。一般中长期记账式国债，在半年付或者年付后，可以利用利息进行下一轮投资。这也是一种复利效应，而且可以增加收益。

记账式国债的特点是，不能提前支取，但是可以转手卖给别人。因此，它的流动性非常强，这是与储蓄国债的区别。购买国债，首先要了解这两类国债的区别和特点。记账式国债如果投资时间过长，就会增加市场的风险，下跌也是有可能的。所以记账式国债适合做三年以内的投资理财产品，非常适合对市场敏感的年轻人。他们会根据自己的投资情况做出选择，这样就增加了国债的安全性。

日常应用

我们知道国债是最安全的债券，那么，国债都具有哪些优势呢？

1. 国债的安全性高

国债是证券市场上信用等级最高、风险最小的一种债券。如果投资者风险承受能力低，希望寻求低风险的投资产品，可以选择国债。

2. 国债的流动性强

因为国债的信用等级高，所以便于买卖和流通，这对债券投资者是一大吸引力。当债券投资者需要变现时，就可以出售。

3. 国债的收益稳定

因为国债的偿还期和利息率都是固定的，所以它的价格很少因为市场的波动而受到影响。因此，国债的收益非常稳定。

第五节 避免债券风险：危险的公路

😊 幽默故事

小李总是喜欢吹牛。他说自己的驾车技术高超，于是独自一个人驾车去了西藏。

他路过一段公路，只见旁边竖着一块牌子，上面写着："请司机多注意安全。当前医生与殡仪馆工作人员正在休假。"

小李看过牌子后再也不敢说自己的驾驶技术高超，默默地减慢了车速。

🎤 趣味点评

这段竖着牌子的公路显然非常危险，如果超速开车，一不小心就需要叫医生或殡仪馆的工作人员服务。故事中幽默地称，在这段路开车，如果不注意规避风险，出了问题可没人管，因为医生和殡仪馆工作人员正在休假。

这块警示牌显然震慑住了自诩驾车技术高超、狂妄的小李。小李十分识相地减慢了车速。我们进行债券投资也是一样，也要学会如何避免债券投资风险。只有小心谨慎，有效地规避风险，才能确保投资安全，获得稳定收益。

第六章 操控稳健的债券投资

投资理财学解读

众所周知，任何投资行为都存在一定的风险。债券投资虽然收益稳定，相对风险低，但是仍然存在一些风险。债券投资的风险是指债券预期收益变动的可能性以及变动幅度。一般这种风险可以分为两大类：

一类是市场风险，是指市场价格的变化，造成了债券的价值损失。

另一类是违约风险，是指发债公司不能够按时履行付息还本的义务。

因此，如何避免债券风险，是债券投资人必须注意的事情。如何能够正确地提前避免债券风险，并且明确投资过程中可能面对的损失，对投资者来说是必须提前做好的功课。正如故事里那段危险公路的警示牌，它会提前告诉你，那段路必须注意安全，否则出了事故可别怪医生和殡仪馆工作人员正在休假。

下面我们来看一下债券投资具体存在哪些风险，以及应该如何规避风险？

首先，我们要注意利率引起的风险。

债券是一种以利息为主要收益的商品。投资者最关注的是债券利息高于市场收益。如果银行利率发生变化，债券价格就会向相反的方向变化，这就是利率引起的价格差所带来的损失。而且，债券期限越长，债券价格受到市场利率的影响就越大。

投资者要避免利率引起的风险，最有效的措施就是分散债券的期限，长短期配合。当利率上升的时候，投资短期债券，这样可以增加流动性，迅速找到高收益的投资机会。当利率下降时，投资长期债券可以保持高收益。总之，投资者可以通过分散投资，来分散利率引起的风险。

其次，我们还要注意信用引起的风险。

打个比方，如果你借钱到了期限不还，这就是信用风险。如果债券发行人不能按时支付利息和偿还本金，这只债券就具有极高的信用风险。一般债券评价机构会对债券进行信用评级。一些低等级信用债券就是表示它们具有较高的风险，投资者购买这种债券时，一般都要求较高的收益补偿。但是，如果债券的信用等级下降，那么，它的价格也会下降。

投资者要避免信用引起的风险，最好的措施就是不要购买那些信用等级低的债券。购买债券时，投资者一定要认真了解公司的经营情况，仔细分析公司年报，明确公司的经营状况和以往债券的支付情况。切记，千万不要投资那些信誉度不佳和经营不善的公司。这才是避免债券信用风险的根本方法。

李芳投资债券三年了，每次都可以保证收益，而且没遇到过风险。大家都很好奇，问她是怎么做到零风险投资的。一问才知道，原来李芳投资债券从不打没有准备的仗。她有一个原则，质量不好的"危险债券"和"擦边公司"绝对不碰，无论什么回报条件都不碰。同时，她还采用风险转移法，一部分投资相对安全的国债，另一部分投资公司债券。她选择公司债券前，都会提前对该公司经营情况做一些细致的研究。

她告诉大家："如果你想投资债券，那就去了解发行债券的公司的详尽情况吧。对要投资的债券做到了如指掌，这就是我能够一直保持收益稳定的秘诀。"正是因为李芳从不打没有准备的仗，所以她三年来的债券投资一直保持稳定的收益。

此外，通货膨胀引起的风险，也是投资者一定要注意的。

那么，债券投资的收益在什么情况下会发生贬值呢？当物价上涨时，货币的购买能力就会下降，从而发生通货膨胀。此时，通货膨胀就会引起债券

第六章 操控稳健的债券投资

投资风险。

陈军听说国债是"金边债券",所以决定在债券市场里捞金。按正常来说,投资国债的确是安全的。但是,陈军似乎运气不太好。他购买国债没多久,就出现了通货膨胀。他购买的金边债券很快就被削去了一层小金边。

我们避免通货膨胀风险的最好办法,就是"不要把鸡蛋放在一个篮子里",即分散投资,以便分散风险。比如,我们可以将一部分资金用来购买收益较高的股票、基金,但是,这样做风险指数也会增加。

再者,流动性差引起的风险,也是需要债券投资者注意的。

如果债券的流动性差,那么这种冷门债券在销售时成交率是非常低的。这就容易造成差价的损失。因为变现差,债权人只有大幅度降低价格,才能够有希望将债券变现。所以,债券的流动性越高,风险就越低,反之,债券的流动性越低,风险就越高。

高峰离婚后一直想多赚点儿钱,他把目标定在债券投资上。听说债券安全系数大,于是他放心大胆地投资。殊不知债券投资市场也有门道,由于高峰什么都不懂,也没认真对发行债券的公司进行调查了解,因此他购买的几只债券流动性都很差,都是一些信用等级比较低的小公司债券。对债券投资的判断失误,导致高峰变现时因为流动性差赔了一些钱。

避免流动性差引起风险的最好办法,就是不碰那些流动性差的债券。投资者要认真研究债券的特点,尤其是公司债券,要对债券公司的经营情况进行了解和仔细分析。只有选择优质债券才是成功投资的根本。

日常应用

如何避免债券风险,具体我们应该采取哪些防范措施呢?

1. 分散投资，购买不同品种的债券

购买不同企业发行的不同债券，是降低债券投资风险最简单的方法。因为不同企业不同债券的风险性和收益性都不相同，一旦有一家企业出现问题，另一家企业的债券就有可能分散风险，降低亏损。

2. 选择中短期债券来规避风险

虽然长期债券的收益率高于中短期债券，但是对于风险承受能力较小的投资者，中短期债券更具有投资价值。因为中短期债券期限短，再投资风险比较小，而且资金占用时间短，流动性强，风险小。

3. 树立健康的投资心理

投资债券一定要树立健康的投资心理。不健康的投资心理会直接导致投资失败。例如，盲目跟风，容易对优质债券失去判断；赌博心理，容易错失良机，导致投资错误。

第六节　债券投资策略："聪明"的老公

😊 幽默故事

小徐对老同学吹牛说:"男人和女人对抗,一定要讲究策略。"

老同学说:"怎么讲?"

谁知正好小徐的老婆回家了,听到这句话特别生气。

老婆说:"我倒要看看你有什么策略。"

小徐扑通一下子跪在地上,立即对老婆说:"老婆,我现在穿的这条裤子是你买的,跪着我好心疼。"

老婆听了大受感动,立即扶起小徐说:"那你快起来,把你妈给你买的换上再接着跪吧。"

老同学在一旁听了翻起了白眼……

🎤 趣味点评

吹牛的小徐认为自己极其聪明,懂得男人和女人对抗的策略。当老婆回家听见小徐说这些时,小徐立马乖顺地跪下。

但是,这只是策略的第一步,第二步他马上称自己现在穿的这条裤子是老婆买的，跪着十分心疼。小徐本想以此感动老婆，让自己可以起来，这件事情就此蒙混过关。没想到比小徐更有策略的老婆，让他换上他妈妈买的裤子继续跪着。真的是道高一尺，魔高一丈，让人哭笑不得。

故事讲的是男人与女人之间对抗的策略，我们投资债券也应该讲究策略，而且策略尤为重要。

投资理财学解读

债券投资是一门非常重要的理财知识。当你能够掌握债券投资策略的时候，也就是投资经验和知识积累以及实用技巧熟练掌握之时。债券投资是有策略的，下面我们将对债券投资的不同策略详细解说。

第一类：消极性债券投资策略。

所谓消极性债券投资策略，是债券投资中常见的策略，这是一种不依赖市场变化，就能保持固定收入的方法。采用这种方法的投资者，其需求是获得稳定的利息收入，以及本金的安全。他们的根本诉求是安全性收益。所以这种投资策略被称为消极性债券投资策略。

这种策略细分起来，有三种方法。

1. 购买持有法

小王喜欢债券，但是因为不熟悉市场，也不擅长使用投资技术，想了很久后，他打算用购买持有法进行投资债券。也就是说，小王的投资原则就是，在分析了债券的情况后就买入所需债券，但是在持有债券期间，他不进行任何交易活动。

案例中小王的债券策略，就是最简单的一种债券投资方法。这种方法的收益是固定的，不受市场环境变化的影响，不仅避开了价格风险，而且操心少。这种方法适合小王这种不熟悉债券市场规律以及缺乏债券投资技巧的投资者。

但是，这种方法也有弊端。因为这属于一种消极性投资策略，所以投资者不需要关注市场变化，容易失去更好的投资机会，也就失去了获得更高收益的机会。

同时，如果发生通货膨胀，这种投资方法的实际回报率会下降，甚至会给投资者带来损失。

2. 梯形投资法

梯形投资法，也就是等期投资法，是分批次地认购相同期限的债券。这样一来，投资者将在未来一段时间获得稳定的收入。

举例：

2013年7月，林芳购买了一只三年期债券。2014年3月，她再次购买了一只三年期债券。2015年4月，林芳第三次购买了一只三年期债券。

2016年，林芳获得了2013年购买债券的本金和利息。她又用这笔钱购买了2016年发行的一只三年期债券。以此类推，林芳每年都将获得一笔本金和利息，并将这笔钱用来购买新一轮的债券。林芳这样做不仅获得了高收益，还让资金流动了起来。这种投资债券的策略就是梯形投资法。

通过这个例子我们看到，只要林芳按照这种梯形投资法持续进行投资，就可以利用到期债券获得的利息和本金购买新一轮的债券。这种投资既安全，又可以增加收益。

3. 三角投资法

三角投资法和梯形投资法很像，但是存在差异。投资者主要是利用债券投资期限不同、利率不同的特点，在不同的时间投资具有相同到期日的债券。

我们来看以下案例：

李明想要送孩子去国外学习，于是他决定投资债券来积累财富。为了投资债券，他做足了功课。为保险起见，他选择了消极性债券投资策略。

李明为自己的投资制订了详尽的计划。2015年，他投资了一只五年期的债券，2017年投资了一只三年期的债券，2018年投资了一只两年期的债券。这些债券到期获得的利息和本金，就可以解决李明的孩子去国外学习的一部分资金了。

通过这个案例，我们可以看到，李明购买债券的期限随着时间变化而不断减少。这样做既可以使李明获得稳定的收益，也能保证他到期可以取出一笔十分可观的资金用于孩子出国学习。

第二类：积极性债券投资策略。

所谓积极性债券投资策略，指的是投资者积极地研究市场情况，能够自主预测债券的价格走向，通过出售持有的债券同时买入其他类型的债券，以获得价格差异来赚取收益的投资方法。

相对于消极性债券投资策略，积极性债券投资策略最重要的一点就是，要求投资者能够准确地预测市场利率的变化方向，并且有着丰富的债券投资知识以及市场运作经验。这种积极性债券投资策略的优点是具有高收益性，对于敢于冒险寻求高收益的债券投资者，这是他们喜欢的投资策略。

要使用积极性债券投资策略，有两种方法。

1. 利率预测方法

我们知道，要想正确运用积极性债券投资，必须具备利率预测的能力。能够进行利率预测，是积极性债券投资策略的核心。但是，这项工作难度很大，所以需要投资者多学习和观察债券市场。

利率主要受到哪些方面的影响呢？我们来看一看宏观市场，在企业经济增长阶段，企业会持续借钱，以求购买更多的原材料和生产所需。因此，在资金短缺时，债券的利率就会上升。相反，在市场疲惫期或者经济下滑期，企业对资金的需求就会减少，利率就会降低。

2. 债券调整策略方法

投资者对债券市场利率进行预测后，要根据预测结果，调整债券投资的策略，重组购买的债券。债券投资的收益率与市场利率有直接的正比关系。例如，当市场利率上升时，债券投资的收益率就会同时增加；当市场利率下降时，债券的收益率就会同比例减少。

但是，市场利率和债券市场价格却是反比例关系。当市场价格上升时，债券的利率就会下降；当市场价格下降时，债券的利率就会上升。于是，当债券利率下降时，调整策略为出售持有的债券。相反，当债券的利率上升时，则可以购买债券。

这里值得注意的是，利率预测方法和债券策略调整方法，都是积极的债券投资策略。如果投资者的预测水平高，投资技巧好，不出意外是可以获取更好的收益。

但是，这种投资策略就像故事中小徐的策略一样，是存在风险的。当自以为"聪明"的小徐以策略对抗老婆时，反被老婆套路了。这就是积极性策略的风险性。所以这里友情提示，应用积极性策略的债券投资，一定要是有经验的债券掌舵人，新手莫入。

日常应用

除了运用好债券投资策略，我们还应该注意应用债券投资的技巧。下面让我们看一下债券投资都有哪些技巧？

1.债券市场的专业性趋势

如今，债券市场充满了不确定性，普通投资者很难有足够的精力来研究债券市场。普通投资者仅靠对债券市场十分有限的了解，很难确保投资的安全和收益。因此普通投资者需要债券投资专家的帮助，借力投资技术高超的专业人员，借助他们对债券市场的了解和对企业的专业性分析，可以有效增加投资债券的收益，并且减少风险。

2.增强债券的流动性

在债券投资的很多实际操作中，有些人往往忽略了债券的流动性，造成其并不容易变现，导致债券投资的风险系数增加。因此，投资者一定要注意增加债券的流动性，因为增加债券流动性有利于获得更高的收益。

3.了解债券的关联性

股票和债券之间存在关联性，其中最重要的表现就是可转换债券。可转换债券具有债券性质与股票性质。可转换债券相当于债券加上认股权证。购买可转换债券的投资者既可以选择持有债券到期，收取本息；也可以选择在转换期限内按照发行时约定的价格转换为股票，成为公司股东。可转换债券利率一般低于普通公司债券利率。

4.分散投资，"不把鸡蛋放在一个篮子里"

为了降低债券投资风险，我们可以实行分散化投资策略。就是将债券种类和期限、到期日分散化，这样既能降低风险，又能获得稳定收益。

第七章

让资产保值增值的"炒金"秘方

　　黄金因为稀有、具有耐腐蚀性和观赏价值,所以成为贵重的消费品和纪念品。黄金也被称为"没有国界的货币",是人们在任何环境下最保值的资产。从古至今,黄金被视为永恒价值的代表。

　　无论什么时候,黄金都具有保值功能。因此,随着国际油价的一路飙升,国际黄金市场的价格也是一路水涨船高。越来越多的人开始关注和投资黄金市场。让我们走进黄金的世界,去了解黄金,看一看让资产保值增值的"炒金"秘方是什么?

第一节　蘑菇定律：剩下的苦瓜

😊 幽默故事

明明第一次去丈母娘家做客。

丈母娘问："明明，你能吃苦吗？"

明明忙说："我能吃苦，我从小长在农村，吃苦吃习惯了！"

丈母娘笑着说："明明，那你就多吃一些苦瓜，这盘菜都归你了。这苦瓜可是我自己种的！"

🎙 趣味点评

明明以为丈母娘要考验自己，忙说自己从小到大都能吃苦。谁知此"吃苦"非彼"吃苦"，丈母娘把一盘苦瓜都给了他，他只得硬着头皮埋头吃苦瓜。

投资理财中，有一种法则叫作蘑菇定律，指的就是从投资小白到成为投资高手，要吃很多苦。因此，投资小白要做好"吃苦"的准备，必须具有十足的学习精神，不断地磨炼自己，不怕吃苦，一步一个脚印，静心研究，才能获得好的投资收益。

第七章 让资产保值增值的"炒金"秘方

投资理财学解读

蘑菇定律是由国外的一批年轻电脑程序员在20世纪70年代末总结出来的。它的原意是：长在阴暗角落里的蘑菇既没有阳光，又没有肥料，面临自生自灭的状况。但是，经过一段时间的无人关注和默默成长，终于长成了一只引人注目的大蘑菇。

美娟是一位相当有品味和气质的投资人，她之前一直投资股票。自从预知到股票的风险性增加后，她提前结束了股票里所有的投资，打算进军稳定安全的黄金投资市场。

美娟因为自身对艺术和文化很感兴趣，所以她对金币投资非常期待。虽然作为投资黄金的新人，但是她这只"小蘑菇"下足了决心，要通过沉淀和学习成长为投资黄金领域里的"大蘑菇"。

一有时间，美娟就潜心学习黄金投资的各种专业性知识，把关于金币投资的每个问题都研究得明明白白。她坚信，只要通过一段时间的沉淀和努力，一定可以在黄金投资这条道路上大放异彩。

2005年，美娟在有一定的黄金投资知识积累后，开始出手了，她把手中积攒的10万元全部投入金币市场。刚进入市场，她就抱着随时学习以增长自己知识的态度，去购买自己欣赏的一些金币。

2006年，虽然全球经济下滑，但是黄金因其独特的保值作用，其价格持续增长，国际金价更是在2006年达到一个历史高点。随着金价的上涨，美娟手里的金币价格也是水涨船高。一年时间，美娟投资的10万元金币价值达到13万元。这只埋在金币市场中的"小蘑菇"，通过努力学习，终于成为一只能够获得丰厚收益的"大蘑菇"。

从那以后，美娟坚定了自己要走投资金币理财的这条道路。

通过认真摸索和学习，美娟深刻了解和熟悉了金币市场的规律。她告诉自己："金币还具有艺术性，是有升值空间的。在进行金币投资时，一定要挑选做工精美，具有艺术收藏价值和独特文化内涵的金币。"

投资黄金中的蘑菇定律就是这样的，从点滴做起，吃苦耐劳，通过一点点的努力，不断生长，坚持下去，总有一天会长成会投资、有经验的投资"大蘑菇"。美娟从投资金币的小白，就这样一点点进步着。

2007年，美娟开始对彩金市场感兴趣。她经过研究发现，彩金币因为经过艺术加工，其价值一旦升高，会收益更高。

这一年，彩金币开始出现下跌，很多人纷纷抛售手中的彩金币。但是，美娟这只沉得住气的"小蘑菇"却一声不吭，开始广泛收集具有文化内涵的彩金币。她发现有一枚具有极高的中国文化价值的"山水图"彩金币。根据她长期研究的经验，这枚彩金币一定有很大的升值空间。于是，美娟开始大量收集这种"山水图"彩金币。

机遇总是会优待有准备的人。在年底的时候，美娟花费10万元收集的10枚彩金币出现价格反弹，一时间价值飙升，从10万元居然升到了32万元。美娟将彩金币卖出，这次投资连本带利收获了32万元！

这个案例讲的正是投资黄金中的蘑菇定律。美娟由一只新手"小蘑菇"通过努力学习，苦心研究，逐渐成长为投资"大蘑菇"的过程，告诉了我们一个道理：黄金投资虽然安全可靠，但是仍旧需要投资者花费大量时间在研究黄金投资市场上。只有经过认真学习，不断磨炼，耐心等待蜕变这个过程，投资新手才会逐渐适应市场规律，甚至预测出黄金市场的运行趋势，以此获得满满的收益。

第七章 让资产保值增值的"炒金"秘方

不同品种的黄金理财，其收益和风险都是不同的。金币投资不仅具有保值作用，还具有艺术价值，所以投资金币可以选择具有文化与纪念意义的金币。

倘若不肯好好研究黄金市场，耐心等待知识和经验的沉淀，即使黄金投资很稳妥，也会失败。

唐三就是一个投资金币失败的例子。

作为投资黄金领域的新手，看到黄金这几年收益逐年高涨后，唐三也摩拳擦掌地进入黄金投资市场。

但是，唐三并没有从"小蘑菇"立志成长为投资"大蘑菇"的决心。他不明白一个道理：任何投资都是"千里之行始于足下"，一定要在进入市场之前潜心研究和学习投资知识，因为盲目进入市场的弊端相当多，很容易造成投资损失。

唐三看邻居投资金币赚了钱，他也一下子把家里的 8 万元积蓄都买了金币。他看到别人买什么就跟着买什么，而且做事缺乏耐心，急于求成。当金价下跌时，唐三慌了，他赶紧低价抛售了自己手里的金币，赔了一部分钱。谁知他刚抛售没多久，他购买过的金币价格都急速飙升了。

这个案例正好和第一个案例相反，唐三因为不懂得投资黄金的蘑菇定律，并没有安心地做一只沉住气、肯吃苦的投资"小蘑菇"，只是一味盲目地跟随他人投资。而且，在价格动荡时，唐三内心脆弱，也不研究市场规律，就马上恐惧地抛售金币，导致了投资损失。

任何成功都不是一蹴而就的，更不是偶然。投资黄金虽然安全系数相对高，风险相对低，但是，也需要我们遵守蘑菇定律，沉住气，去努力学习。只有经历过投资市场磨砺的投资者，才更能经得住市场考验。

日常应用

蘑菇定律影响着黄金投资市场的方方面面，那么，我们如何更好地利用蘑菇定律来获得投资的成功呢？

1. 树立好"小蘑菇"的心态

在我们还弱小的时候，一定要学会默默地精进和努力。作为投资黄金小白，一定要树立好"小蘑菇"的心态，认真学习，好好努力，熟悉黄金市场的变化，认真总结黄金投资的经验教训。

2. 不可急于求成

作为一名投资黄金的新手，切忌急于求成，一定要记住，"小蘑菇"是通过时间和努力最终长成"大蘑菇"的。投资者一定要把心态放平，认真观察市场，面对市场价格的变化不可以急躁和恐惧。

3. 严格遵循蘑菇定律，等待成长为投资黄金的"大蘑菇"

投资小白只有彻底了解黄金投资的蘑菇定律，才会严格遵守蘑菇定律，从一只"小蘑菇"做起，脚踏实地，一步一个脚印，通过不断的学习、实践和总结经验教训，耐心地等待成长为投资黄金的成熟"大蘑菇"。

第二节 黄金投资四大原则：还是得交罚款

😊 幽默故事

交警李波在商场路边发现一辆汽车违章停车。正准备贴条子时，路对面跑过来一对夫妻，男人连忙给李波递烟。

李波仔细一看，原来是上小学时经常把他请出课堂的班主任。李波马上给班主任贴了条子，并开出罚单。

班主任说："你不认识我了吗？"

李波："老师，我这样做，可不是报复您。您当年教育我，做事要有原则！"

🎤 趣味点评

故事中，李波可谓是有"原则"之人，他开罚单时恰巧遇到当年总是责罚自己的班主任。李波立马"端正"态度，告诉班主任，当年还是班主任教育他做事要有原则，所以给他开了罚单。这个"做事要有原则"真的是让人忍俊不禁。投资黄金也有四大原则，我们一定要遵守原则进行黄金投资，才能获得更好的收益。

投资理财学解读

正所谓做事要有原则，我们投资黄金也有四大原则，只有按照原则进行投资，才能够事半功倍。下边我们来了解一下投资黄金的四大原则。

第一原则：合理的投资组合和比例。

因为黄金价格比较稳定，所以通常情况下，投资第一原则就是组合比例原则。

如果投资比例中适当地加入价格稳定的黄金，可以较大程度地分散风险，增强资产的保值能力。投资黄金与投资其他资产并不冲突，还可以相互配合。但是，如果只是单纯地投资黄金，也存在不可避免的风险。所以利用合理的投资组合和比例原则，可以增强投资的收益，降低风险。

王小梦始终相信投资黄金的组合投资原则。她认为，最好的投资组合就是：国债+基金+黄金+现金。王小梦认为，在这个组合里，黄金投资比例应该占10%—20%。多年来，她都是采用这种比例的投资组合，明显地分散了投资风险，增加了收益。

第二原则：遵循黄金价格的变化规律。

黄金价格受市场的供需变化影响，价格会出现上下波动，并且这种波动会偏离一定的规律。尽管这种情况很少，但是偶尔也会有一些例外。所以投资黄金一定要善于观察市场，总结规律，并且合理安排自己的持仓数量和持仓结构，注意操作策略。这样做就可以降低投资黄金的风险。

李锐是一名银行工作人员。所谓近水楼台先得月，因为从事金融行业这份工作，李锐特别喜爱而且擅长投资理财。他最擅长的是投资黄金，因为日常工作接触到黄金投资的业务比较多，他早就把黄金市场的价格规律摸清楚了，所以投资操作起来得心应手。李锐遵循黄金价格的变化规律进行投资，这几年赚了不少钱。

第三原则：把握大体方向。

如果想要在黄金期货市场中获利，一定要学会把握大体方向，只有把握好方向，才不会偏离轨道。还要学会利用概率及时止损，并且学会正确地分配资金。

黄金期货市场非常重视一种投资方式叫作顺势投资。顺势投资指黄金价格上涨时，要跟着做多。当黄金价格下跌时，要做空。在黄金价格上涨到峰顶转而开始下跌之前，投资者可以进行投资。然而，如果金价下跌得厉害，在这个过程中，还是要把握好大体方向，谨慎处理比较稳妥。

袁海明进入黄金投资市场并不久，但是他投资获利很多次，而且投资进行得很稳妥。他说："主要原因就在于，我知道遵循投资黄金的规律，尤其擅长把握黄金投资的大体方向，从不盲目行事。"

袁海明在购买黄金时，都会观察价格市场，并且心中对止损早有准备。他就是简单的顺势投资，黄金价格上涨，他就买进做多，黄金价格下跌，他就做空。经过长时间的积累后，他逐渐摸索出了窍门，投资黄金赚了钱。

第四原则：具体问题具体分析。

常规的投资技术分析方法在投资黄金中尤为重要，要做到具体问题具体分析。例如，美元和石油的价格，就会影响黄金价格，所以投资黄金除了关注市场变化，也要关注美元和石油的价格变化，由此可以预判黄金价格的变化。一般美元与黄金的价格变化呈现反比关系，即美元上涨，黄金下跌；美元下跌，黄金上涨。然而，石油恰恰相反，它同黄金呈现正比关系，即石油上涨，黄金上涨；石油下跌，黄金下跌。

王强深知黄金市场有变动性，所以他主动学习了投资黄金的相关知识，尤其重点了解了黄金投资的具体问题具体分析原则。他明确知道美元和石油价格对黄金价格的影响，并且掌握了具体的对比规律。一次国际经济危机过后，石油价格飙升，王强知道黄金价格也一定会飙升，所以他紧跟市场，投入一大笔资金购买黄金投资产品。结果不出一年，王强这笔投资赚了6万元。

　　综上所述，投资者投资黄金一定要遵循以上四大原则。正如故事中班主任对李波的教育一样，做事要有原则！遵循原则做事，虽不能百分之百地让我们立于不败之地，但是可以在一定程度上减少投资黄金的风险。

日常应用

　　知道了投资黄金的四大原则，我们也要注意投资风险，那么，在实践应用中，具体应该注意哪些问题呢？

1. 关注市场动态

　　投资者一定要认真分析黄金价格出现大幅度波动的原因。例如，投资者要时刻关注国际经济、市场以及政治等方面带来的风险，要经常研究汇率变化与国际主要股市走势以及黄金供给等因素，这些都会使黄金价格出现剧烈浮动。只有充分地了解影响黄金市场的各种因素，才能规避投资的风险。

2. 注意多进行短线操作

　　虽然人们炒黄金的热情急剧增长，但是风险指数也在不断增长。所以为了降低风险指数，还是建议投资者进行短线操作[1]为妙。

1　短线操作，金融投资术语，指的是投资者在较短的时间内（通常是数天到数周）进行证券、期货等交易品种的买卖操作，以获取短期的价格波动收益。

第三节　不同的黄金投资方案：投资各有不同！

😊 幽默故事

王先生早上接到一个电话。

业务员："先生，请问您需要理财顾问吗？"

王先生："已经有了！"

业务员问："哪家公司的？"

王先生："我老婆！"

业务员一笑，说："先生，您可以考虑其他投资，请问您想投资贵金属吗？"

王先生："已经投了很多了！"

业务员："您都投资了什么贵金属？"

王先生："老婆的金戒指、金耳环、金项链！"

🎤 趣味点评

业务员本想给王先生推荐理财服务，不承想王先生已经有了他专属的"理财专家"，即他的老婆大人。业务员还是不死心，想推荐王先生投资贵金属，哪知道王先生老婆已经购买了很多黄金饰品。这个故事告诉我们，黄金投资有不同的理财方案。

投资理财学解读

黄金投资具有不同的投资理财方案，下面我们来认真看一下，如果投资者投资黄金，都有哪些投资方式。

1. 投资金条风险系数低

一提到黄金投资，大部分人想到的多是黄金首饰，就像故事中的王先生，他认为老婆购买的金项链、金耳环、金戒指就是投资贵金属。其实，购买黄金首饰，并不是投资黄金最好的一种方式。相对黄金首饰，购买金条和金砖才是投资实物黄金最好的方式。

从投资理财的角度来看，购买黄金首饰并不是好的投资方式，因为它们的功用价值和实用价值往往大于投资价值。而且，黄金饰品买入的价格高，卖出时价格多是偏低的，这种倒差价的状态导致它不适合用于贵金属投资。并且，贵金属首饰在佩戴过程中也会出现磨损和变旧，这些都会导致它的价格下滑。所以，购买的黄金首饰很难增值。但是，当通货膨胀时，购买黄金首饰也是一种比较稳妥的保值方式。

购买金条和金砖不同于购买黄金首饰，因为这种实物黄金不仅黄金重量标准，发售渠道统一，回购渠道也相当便利。这样它的回购率也相对比较低。所以金砖、金条的价格波动几乎很小，投资金条的价值基本上就是金条本身的价值。对于投资者来说，购买金条非常简单、便利，而且风险极低。

董青投资股票失利，赔了不少钱。心灰意冷的她退出了令自己胆战心惊的股票市场。但是，她并没有放弃投资理财。不久，她对黄金投资开始感兴趣。她了解到投资黄金风险小，而且投资实物黄金可以抵御通货膨胀，给资产保值。虽然上次投资股票赔了不少钱，但是眼下投资黄金能为自己剩下的资产保值，也是一个不错的选择。在认真学习相关知识后，她了解到投资实物黄金最好的选择就是投资金条，于是她购买了8万元的金条。后来，赶上金价上涨，董青在第二年成功赚了3万元。她笑着说："投资金条稳收益，抱金砖。"

2. 投资纸黄金，赚取真黄金

纸黄金是指黄金的纸上交易，投资者可以在网上提前设立一个黄金存折账户，通过网络进行黄金的买卖交易，而不涉及实物黄金的提取和交易。纸黄金的买卖盈利方式是通过低买高卖，以获取差价利润。纸黄金的网上操作具有便利性，可以网上24小时不间断交易。这样极大地方便了上班族，他们可以白天上班，晚上进行纸黄金的买卖操作。

投资纸黄金一定要密切关注大盘走势，要坚持学习专业知识，并且要增强风险意识。

2006年1月，王猛以209元/克的成交价，通过中国工商银行购入了100克的纸黄金。因为当时金价走势偏低，王猛就没动过这笔投资。但是到了2006年8月，金价开始迅猛上涨，已经达到260元/克的高价。

当时，王猛并不知道这是黄金高价的最高点，他只是在金价达到自己的预期心理价格后，就卖出了黄金。经历了这几个月，王猛赚得了大量收益。这期间，王猛都没有忘记学习纸黄金投资的相关知识。他告诉自己："投资没有任何幸运可言。只有不断地努力和设置好止损、止盈的心理价位，并且坚定执行止损、止盈策略，才会获得最好的收益。"

3. 黄金 T+D，风险系数相当大

黄金 T+D，即 AU（T+D），是从 2009 年年底，在上海黄金交易所上市的交易品种，可以通过商业银行代理上海黄金交易所办理。简单来说，AU 就是黄金的英文缩写，T+D 的意思就是递延交割业务。T 指的是今日，T+D 指可以延期交割，D 指任意天数。

AU（T+D），其实是一种风险系数相当高、具有杠杆作用的黄金投资操作。AU（T+D）是现货延期交易业务，是以保证金的方式来进行交易。例如，投资 10 万元，可以进行金额为 100 万元的交易。

这里提醒大家的是，AU（T+D）作为一种杠杆交易，要求投资者必须具有丰富的金融专业知识，并且，这是一项相当刺激的投资行为，要求投资者有良好的心理素质和健康的身体状态。

可以说，黄金 T+D 的风险系数是相当大的，投资者如果没有一定的投资经验、专业知识和良好的心态，建议不要碰触这种杠杆交易，否则，投资者的情绪会随着市场波动起伏不定，把握不准投资时机，容易赔得一塌糊涂。我们讲投资还是要真正按照自身的实际情况和需求，来搭配适合自己的黄金理财方案。

综上所述，这三种黄金理财方案的风险是一个比一个高。投资者一定要按照自己的风险承受能力自行匹配黄金投资产品。

日常应用

投资黄金有风险。那么，在投资实践中，我们如何控制黄金投资的风险呢？

1. 把控好投资黄金的心理风险

投资者在投资黄金时必须具有良好的心理素质。投资者不可以过度贪心,也不能惧怕失败,要保持一种稳定的心态、平和的心境。同时,投资者要具有努力钻研黄金投资知识的精神,并且把投资眼光放得长远一些。

2. 管理好网络安全的风险

因为一些黄金投资是网上交易,而且网络交易又非常频繁,所以一定要注意防控好网络安全问题,注意预防网络黑客的攻击和计算机病毒对交易系统的破坏。

第四节　投资黄金要做到四"不"：不能说的话！

😊 幽默故事

最近黄金暴跌，老王闷闷不乐地回到家。老王一进门，小儿子就高兴地喊他"爹"。

他勃然大怒："不许喊'跌'，要喊'家长（加涨）'！"

儿子吓得哇哇大哭。

老王的弟弟赶紧过来安慰小侄子。他对老王说："哥，黄金价格涨跌很正常，何必朝孩子发火呢？"

老王大声喝道："不许喊'割'，要喊'兄长（凶涨）'！"

🎤 趣味点评

老王投资黄金吃瘪，心情郁闷至极。回到家，老王不许儿子叫他"爹"。他对这个"跌"字太敏感了，只许孩子喊带"涨"的字眼儿。老王的弟弟听到后叫老王"哥"，谁知道这也不许！"哥"音同"割"，又触痛了老王的敏感处，要求弟弟只能喊"兄长（凶涨）"。故事中老王有不能碰触之处，我们投资黄金也要做到四"不"。

投资理财学解读

故事中老王投资黄金失败，回家就立了两"不"的规矩："不许喊'跌'，要喊'家长（加涨）'！""不许喊'割'，要喊'兄长（凶涨）'！"同样，我们投资黄金也要做到四"不"。下面我们来详细剖析一下投资黄金时要注意的事项。

1. 不过分追求暴利

初进入黄金市场的小白，很容易受到利益诱惑而追求暴利。暴利效应容易产生很多危害和影响，如果投资者处理不当，就会造成巨大的损失。

当投资者不顾市场的客观规律而追求暴利时，这种心态很容易影响投资决策。他们大多不顾劝阻，采取日内交易或重仓交易策略。这样使得投资者分配到每次决策上的时间和精力大为减少，从而影响单次交易的决策质量，给投资带来较大的风险。

同时，过分追求暴利会导致投资者的情绪敏感，因为频繁的交易使得投资者情绪容易受到市场价格波动的影响，如同故事中投资黄金受挫的老王一样，情绪异常敏感。在情绪的干扰下，投资者对黄金市场的判断容易出现失误。

而且，过度追求暴利会使交易成本增加。虽然单次交易的手续费并不高，但是如果将交易成本和交易成本的复利累积，就是一笔不小的开支。

同时，过度追求暴利的投资者还容易心态失衡，并且产生过激的投资行为，从而忽略投资风险。

王亚楠初进入黄金投资市场。看到朋友和同事因为投资黄金赚了很多钱，她一时间羡慕得红了眼。她特别渴望自己也可以在短时间内暴富。王亚楠每天都关注黄金价格的变化，就希望听到"涨"这个字。

由于这阶段黄金价格波动有些大，王亚楠每天都心神不宁。她上班时满脑子都是黄金。她在投资时心态也变得非常不稳定，总是害怕黄金价格下跌，导致她的投资操作和策略都出现了问题。王亚楠最终在黄金市场没能如意，并且还折腾出了心脏不好和头疼的毛病。

2. 不可抱有侥幸心理

投资者在面对投资错误时，之所以不能够及时止损，而是寄希望于市场等外部因素来拯救自己，最关键的原因就是他们存在侥幸心理。黄金投资并不是一本万利、不存在风险。投资者面对亏损，不能侥幸地以为这是小概率事件。如果不正确地分析产生亏损的原因，无法看清黄金投资的形势，只是一味地抱着侥幸心理去投资，就很容易破产。

李运投资黄金有三四个月了，最近他买进的黄金价格突然猛烈下跌。但是，他告诉自己："这只是黎明前的一个小黑暗，这时候买进说不定可以日后多赚。"因为他存在侥幸心理，不但没有及时止损，反而又买进了一些黄金。最终，李运为这次碰运气似的投资付出了代价，让他亏了不少钱。

3. 不可以忽略止损点

聪明的投资者，都知道围绕市场价格和盈亏状态给自己的投资交易设置止损点。当黄金价格跌到止损点时，及时卖出，可以有效减少损失，防控风险。但是，一些投资者由于过度自信，没有设置投资的止损点。一旦投资没有了止损点，就好比汽车没有了刹车，投资者很难决定在什么时候止损卖出，这是相当危险的。

黄金的短线交易风险极高，并且因为使用了杠杆交易，更容易造成市场的价格波动。这时候，如果你一进入黄金投资市场就获得了盈利，就必须提高警惕，提高止损点。比如，首先应该将当日最高价向下跌多少作为止损点，以后随着利润的上升，再逐渐修改这个点位。

李威认为自己是投资黄金的老手，因此总是自作聪明。他告诉自己："我相信自己的决策和判断，所以不需要设置那些止损点。"结果可想而知，这位相当自负的投资"大神"，在一年来的投资里栽了个大跟头，因为没有设置止损点，导致判断错误，差点儿赔个底朝天。

4. 不要急于回本

投资者的心态一定要好，不要急着把本钱赚回来，一定要有长期投资黄金市场的打算。如果有良好的心态，赚回成本一般不成问题。

而且，我们知道，当急于回本时，投资者必然会重仓交易和频繁交易，这都会使投资者为了挽回损失而仓促应战，从而增加了投资决策失误的概率。

日常应用

投资黄金除了要做到四"不"，还有哪些实用的投资技巧可以让投资黄金更稳妥呢？

1. 苦心研究市场，熟悉交易的专业知识

投资黄金马虎不得，除了要做到四"不"，最重要的是要苦心研究市场，熟悉交易品种，并且了解投资黄金的专业知识。只有熟悉和了解了黄金投资市场和产品，才可能做出正确的投资选择。

2. 做好交易笔记，总结失败和成功的经验

正所谓失败是成功之母，所有投资失败的教训都是最宝贵的财富。投资失败了，不要埋怨自己倒霉，一定要深刻思考为何会失败，总结教训，这样才能够逐渐熟悉和掌握黄金投资的规律和市场行情。投资成功了也不要骄傲，也要总结成功的经验。时间久了，就能够总结出自己投资黄金的经验和技巧，才能有更好的收益。

3. 放长线钓大鱼

投资者对于黄金投资一定要保持耐心和热情,而且投资需要节制。只要能够对市场大势判断准确,耐心等待就是了。

第五节　投资黄金最佳时机：白逃啊！

幽默故事

一名罪犯整天想着如何越狱，什么时机是最佳时机。这一天，在农场干活时，罪犯无意中捡到一个桃子。罪犯欣喜若狂。他认为这是上天的暗示，自己可以"逃了"！结果，罪犯还是被抓了回来。

在审讯室里，警察问罪犯："你为什么越狱？"

罪犯："我捡到一个桃子，以为上天暗示我逃。"

警察："那为什么又被抓回来了！"

罪犯："一时大意，没注意那个桃子的颜色是白色的！"

趣味点评

罪犯一直想越狱，恰巧在农场干活时捡到了一个桃子。罪犯以为，这就是上天暗示他可以"逃"的最佳时机。谁知罪犯逃跑后还是被抓了回来。警察审讯罪犯时，罪犯埋怨地答道："那个桃子的颜色是白色的！"那不就是"白逃"嘛！同样，在现实生活中，黄金投资只有抓住最佳时机，才能摆脱投资失败的结局。

有趣又好读的投资理财学

投资理财学解读

正所谓："机不可失，时不再来。"机遇十分难得。只有把握好黄金投资的时机，才能够获得较好的收益。那么，如何判断黄金投资的市场时机呢？

1. 在经济低迷时投资黄金

经济低迷时，是投资黄金的最佳时机，因为黄金的价格波动会受到市场景气度与股市走势，还有黄金供给的影响。而且它们之间的关系属于反向运动。所以，当经济出现低迷时，就是投资黄金的最佳时机。

美国在1929年股市崩盘和1968年两次股市高峰期过后，都出现了股价大跌而金价上涨的现象。同样，自2001年后全球通货紧缩，全球的主要股市都出现走低，但是迎来了黄金投资的辉煌时期。

2. 在货币利率下降时投资黄金

货币利率变动和黄金价格变动成反比。当货币利率升高时，投资黄金的机会成本就会升高，所以此时不是投资黄金的最佳时机。这时，购买黄金不如购买能够产生利息的资产。相反，当货币利率下降时，非常适合投资黄金。

3. 在资产富裕时投资黄金

如果投资者的手头宽裕，可以投资黄金。但是，不要指望投资黄金能够带来一夜暴富，更不可以押上自己的全部身家去投资黄金。黄金投资适合有一定经济基础的投资者。投资者在资产富裕时投资黄金，就不会在急需用钱时急于卖出，造成黄金的"高买低卖"，导致自己亏损。

楚江的家庭并不富裕。他并不懂得进入黄金投资市场的最佳时机。但他十分喜爱黄金，这导致他把家中存款全部拿去购买了黄金。不想三个月后楚江的母亲突然病重，需要一大笔钱做手术。楚江无奈只得低价卖出黄金。这导致他损失了一大笔钱。

这个案例说明，投资黄金一定要正视自身经济基础，否则，就会遭受损失。当你资产富裕，有多余的钱财时，才是投资黄金的最佳时机，而且，千万不要把全部资金用来投资黄金，一定要留有一定的资金以便应急。

4.需要保值时投资黄金

黄金作为贵金属，有一个特殊属性，那就是具有保值功能。它跟储蓄相比，更为保值。通货膨胀严重时，由于货币贬值，购买力降低，但是由于黄金是珍贵商品，黄金价格会随着通货膨胀而上涨，可以有效抵销通货膨胀给投资者带来的损失，保证投资者的资产不会"缩水"。所以在通货膨胀时，非常适合投资黄金。因为黄金投资风险低，回报率相对较低，所以不建议投资者平时大量投资黄金。只有当通货膨胀严重，市场波动较大时，才适合大量投资黄金。

王丽是投资理财的新手。由于她害怕风险，朋友建议她投资风险低的黄金。2018年，人民币受通货膨胀影响，严重贬值。王丽一看机会来了，立即大量投资黄金，以确保自己的资产保值。事实证明，她这一决策是正确的。由于投资了黄金，王丽的资产并没有"缩水"。而且，王丽因为选对了投资黄金的时机，随着黄金价格的上涨，赚了一大笔钱。

5.根据黄金消费的变化投资黄金

因为黄金具有货币属性，同时也具有商品属性，所以黄金价格受供给和需求的影响。近年来，黄金的供给每年都是相对固定的，在供给变化不大的情况下，人们黄金的需求变化极大地影响了黄金的市场交易价格。通过观察，黄金消费是有季节性的。因此投资者可以按照黄金消费的季节性，进行有效的机遇投资。

投资者可以有目的地在黄金消费的淡季时入市，等到黄金消费的旺季来临时，在高点平盘获利。

日常应用

在投资黄金时，投资者一定要摒弃以下几种不良的投资心态，才能有效地把握好投资黄金的最佳时机。

1. 盲目跟风

如果投资者盲目跟风，那么，永远只能看着别人发财。如果投资者一味地跟着别人买入或者卖出，在盲从心理的作用下，就会很容易导致操作失误。因此投资者除了选好黄金的投资时机，避免盲目跟风同样重要。

2. 犹豫不定

在投资领域，有一句话叫："犹犹豫豫一场空。"如果通过分析判断投资黄金的最佳时机已经来临，但是你一直举棋不定，犹豫不决，那么，这时候无论多好的机遇都会白白错过。因此，投资黄金切忌犹豫不定。

3. 赌博心理

黄金投资最大的作用是保值，所以投资者如果抱有赌一把的心理，想通过投资黄金来获取暴利，这是完全错误的。要在黄金投资市场获利需要的是长期投资的心态。投资者不能用赌运气来投资黄金。如果投资者以赌博心理来投资黄金，容易损失惨重，一败到底。

4. 恐惧心理

在面对投资风险和不好的消息时，投资者一定要保持镇定，做到头脑冷静，只有这样才能够分辨出黄金市场信息的准确性。投资者也只有保持镇定，才能正确分辨投资黄金的最佳时机。如果投资者一遇到不利的消息就惊慌失措，很容易导致在黄金价格过低时出售，从而损失惨重。投资者在恐惧的时候很难做出正确的投资决策。所以投资者要保持平常心态，切莫因为市场波动而乱了阵脚，产生恐惧心理。

第六节 "放长线钓大鱼"原则：也许闺密更漂亮！

😊 幽默故事

单身狗一说："喜欢一个女孩子，千万不要急着追她。"

单身狗二问："为什么呢？"

单身狗一神秘地笑着说："一定要隐忍，有耐心，放长线钓大鱼。"

单身狗二不解地望着单身狗一。

单身狗一："说不定她有一天会喜欢上我，主动来追求我，我能获得感情大丰收呢！"

🎤 趣味点评

故事中的单身狗一想要"放长线钓大鱼"。他认为，当喜欢一个女孩子的时候不要过于主动和着急追求她。单身狗二对他的行为表示不理解。单身狗一告诉他："说不定她有一天会喜欢上我，主动来追求我，我能获得感情大丰收！"这种小心思让人惊叹他是个懂得运筹帷幄之人。我们投资黄金，也要像单身狗一找对象那样懂得掌控时机，运筹帷幄，"放长线钓大鱼"。

投资理财学解读

"放长线钓大鱼"，比喻做事从长远打算，虽然不能立刻收效，但是将来能得到更大的好处。

而且，纸黄金作为黄金投资的一个重要组成部分，一定要遵循"放长线钓大鱼"的原则。

王大海是投资理财"老手"。2008年10月底，他买进6000克"纸黄金"，于2009年5月将其全部卖出，价格是190元/克。仅3个月，他就赚了不少钱。

王大海觉得，炒纸黄金既可以像炒股票一样操作方便，又不用考虑实物黄金的提取、保管等问题，只要黄金价格出现波动，就可以通过"逢低买进，逢高卖出"来获利。

王大海第一次炒纸黄金是在2004年8月，他以115元/克的价格买进5000克。当时黄金市场出现牛市，黄金价格一路飙升。2005年3月，王大海以123元/克的价格将所有黄金卖出，几个月内就获得了不少收益。

这次投资让王大海尝到了甜头。不久，他就开始了第二次黄金投资。这次他以110.27元/克的价格买进6000克黄金。但是，黄金价格一直徘徊不前，一直都达不到王大海期望的价位。这次投资，他被牢牢地套住了很久。

足足等够了3个月，黄金价格才稍微抬升。最后，王大海以116元/克的价格卖出黄金，虽然赚的钱不多，但是没有赔钱。

这次被套牢的短暂经历，让王大海意识到纸黄金投资并不是那么简单。他开始明白纸黄金投资更适合"放长线钓大鱼"。为了投资更安全，王大海开始主动学习黄金投资的相关知识。他告诉自己：黄金是一个复杂的投资产品，受到诸多因素的影响，与政治因素、外汇等因素关系密切。所以短期来看，黄金具有投机性，但是长期来看，中长线投资才更有利于减少投资风险，也能获得更高的收益。这就是为何投资纸黄金比较适合"放长线钓大鱼"。

从此，王大海重新定位了自己投资纸黄金的策略。他不再做投机的短线投资操作，而是有意识地开始一些中线操作。他说："我把一次性购买大量黄金这种投机操作行为停止了，改变策略，变成选择时机分次投资。"

王大海的这种投资方式明显地分散了投资黄金的风险，当黄金价格下跌时，可以有效保护自己的资金，降低损失。

自从改变了投资策略，王大海获得了更多收益。正如故事中所说，做任何事情都要学会忍耐，沉住气，懂得运筹帷幄以及掌控时机。就像笑话中的单身狗一，他沉稳的性情和爱情攻略的精髓，也是投资黄金的技巧之一。

通过这个案例，我们知道了一个道理：投资纸黄金，一定要沉住气。只有仔细分析市场变化，耐心等待市场时机，才能获得更高收益。

下面我们再来看一个相反的例子：

李沫在还不知道什么是理财的时候，就稀里糊涂地去银行购买了纸黄金的定存。当时黄金价格每克240元，她和同事小美去工商银行各办了一张卡，每月定存价值400元的纸黄金，并设置了一年期限。在这一年里，有段时间金价突然下降，每克为220元，李沫有点儿沉不住气了，担心赔钱更多，着急把纸黄金卖掉。同事小美却淡定，她对李沫说："你再等一等，黄金价格不稳定，肯定还会有升值的空间，还会涨。"但是，李沫没有遵守"放长线钓大鱼"的原则，很快就将纸黄金卖出了。这笔投资，她投入4800元，卖出时赔了400元。由于同事小美能够沉住气，懂得"放长线钓大鱼"，她一直没有卖出黄金。后来金价再次上涨时，小美将黄金卖出，收益超过了25%。

通过这个案例，可以看出李沫因为没有耐心，沉不住气，不懂得投资纸黄金"放长线钓大鱼"原则，导致投资产生了亏损。实践告诉我们，投资黄金最忌讳盲目追高，看到下跌，又忍不住割肉。

巴菲特说："要减少无谓的交易，钱在市场从活跃的投资者流向有耐心的投资者。"巴菲特的话明确地告诉我们，投资黄金一定要有"放长线钓大鱼"的耐心，无论你的理财理念如何，都应该减少无谓的交易，每次交易前都应该慎重考虑，设定好止盈点和止损点，并且坚持中长线策略，才能够获得更好的收益。

日常应用

掌握了"放长线钓大鱼"原则，那么，在黄金投资中我们应该注意哪些事项呢？

1. 注意风险控制

巴菲特经常向投资者强调："规避风险，保住本金。"这是巴菲特几十年来对投资理财市场最精辟的总结。如果本金没有了，那就什么都没有了。只要能够留住本金，我们就有博弈的资本。所以投资黄金一定要注意止损，及时有效地防控风险。

2. 注意财富的点滴积累，切忌追求一夜暴富

投资黄金不可以太贪心，要学会分批入场。如果投资者追求一夜暴富，很容易倾家荡产。只有积小胜为大胜，才是投资获利的长久之道。

3.学会良好的资金管理

因为黄金投资的点差[1]比较大,所以一般建议投资黄金进行中长线投资,并不适合频繁地进行短线操作。这意味着良好的资金管理能力格外重要。投资者可以采取这样的策略:用50%到60%的资金来做中长线投资,剩下的资金可以考虑做短线操作。这样就可以有效减少风险。

1　点差:指买价和卖价之间的固定差价。

第八章

掌握外汇这桩大买卖

　　外汇有广义和狭义之分。广义的外汇指一切以外国货币表示的金融资产；狭义的外汇概念是以外币表示的用于国际结算的支付手段，必须具备可支付性、可获得性和可兑换性三个特点。根据国际货币基金组织和我国《外汇管理条例》的定义，外汇是指货币行政当局以银行存款、财政部库存、长短期政府债券等形式所保留的国际收支逆差时可以使用的债券，包括外国货币、外币支付凭证、外币有价证券、特别提款权、欧洲货币单位和其他外币计算的资产。那么外汇投资都有哪些规律和注意事项呢？让我们走进外汇的世界，去详细了解一下吧！

第一节　处置效应：甜的我都舍不得卖

😊 幽默故事

有个卖桃子的在路边吆喝："卖桃子嘞！"

路人问："这桃子甜不甜？"

卖桃人笑着说："甜的我都舍不得卖哦！"

路人听了很满意，买了10斤桃子回家。

回到家，他马上洗了一个大桃子，一口咬下，那个青涩鞠酸。

路人气得马上带着桃子去找卖桃人："你骗人！不是说甜得都舍不得卖吗？这桃子酸得要命！"

卖桃人一点儿都不觉得理亏！他说："我从来不骗人！你买之前我都告诉你了：'甜的，我都舍不得卖'啊！"

🏆 趣味点评

卖桃人玩了个"心眼"，所谓"甜的我都舍不得卖哦"，实际是把甜的桃子都留下，卖的都是不甜的桃子。这实属本末倒置，让人啼笑皆非。这种把该卖的不卖掉，压在手里，不该卖的反而卖出去的做法，不仅在生活中存在，在外汇中也存在，这种现象叫作处置效应。处置效应就是把获利的变现，反而把被套的抱在手里怎样都不肯卖出。

投资理财学解读

处置效应，指投资人在处置外汇时，会倾向卖出正在盈利的外汇，继续持有赔钱的外汇。这就是所谓出赢保亏效应。这意味着当投资者处在盈利状态时是风险回避者，而处在亏损状态时是风险偏好者。换句话说，就是持有获利头寸[1]的时间过短，持有被套头寸的时间过长。如同跑掉的都是黑马，抱住的都是垃圾，这就是投资者普遍存在的问题。

就像卖桃子的小贩，明明该卖出那些甜桃子，他却将甜桃子留在家里，反而把不甜的桃子卖掉。这种"该卖不卖，不该卖反而卖出"的做法，确实是另一种角度的本末倒置，这都属于处置效应，是无法让利润奔跑起来的，同时也说明了处置效应的危害。

目前，李明需要套现。他持仓两个理财品种，其中一个品种当前亏损1000美元，未来有50%的可能减亏500美元，但是也有50%的可能将亏损增加到1500美元；另一个品种当前盈利1000美元，有40%的可能损失1000美元，但是也有60%的可能将盈利增加到1500美元。

可想而知，在这种情况下，如何最大程度地提高预期收益才是投资目的。因此，我们选择将当前亏损的品种卖掉会更有利。但是，在投资实践中，投资者都会受到心态影响，如果卖掉亏损品种，这种锁定损失的做法会令投资者不甘心。与锁定损失相比，投资者往往会更重视锁定盈利。因为损失给人们造成的恐惧和痛苦，远远超出获利所带来的愉悦，所以人们更多的是选择卖掉盈利的品种。

---

1 头寸是金融行业常用到的一个词，头寸就是资金，指的是投资者当前可以运用的资金总和。

这个案例说明，在外汇上涨时，人们更愿意卖出，而在外汇下跌时，人们持有的意愿却更高了。这种不理智的行为是一种普遍现象。就像李明，他告诉自己："我选择关闭哪种持仓，主要是希望内心安定一些。上涨的时候，如果能够果断卖出，这当然是好的。然而，当下跌的时候，只要卖出就容易出现亏本。这时候，还不如把它存在手里，看一看有没有机会再涨回去，这不是也不亏本吗？"

这说明，大多数人的投资行为都会受到处置效应的影响。其原因就是人们更倾向于看到眼前的利益。然而，在投资中，对于没有利益的亏损行为，投资者总是因为恐惧、贪婪和侥幸心理，来促使自己持仓。对市场抱有侥幸心理的人们往往会做出"出赢保亏"这种不正常、本末倒置的事情。处置效应更多的是体现在投资小白身上。

我们再来看下面的案例：

徐海天想投资外汇。他认为："如果该外汇的预期回报高得足以让我愿意承担风险，那么我会把买价作为参考点。如果汇价上涨，有盈利产生，这时候我应该规避风险。但是，如果汇价下跌，产生损失，我就想再搏一下，降低该货币的预期回报率，然后继续持有。"也就是说，海天在处置外汇时，会倾向卖出正在盈利的外汇，继续持有赔钱的外汇。

这种做法正是投资外汇时的处置效应。这个案例说明，当投资者处在盈利状态时是风险回避者，而处在亏损状态时是风险偏好者。投资者会将买进价格或者心理价位作为参考点，来决定是否继续持有或者卖出外汇。

处置效应告诉我们，当盈利时，投资者担心一旦盈利趋势终止，已有利润会被市场吞噬。当看到盈利慢慢减少时，投资者就会感到如坐针毡。因此，当盈利时，强烈的风险规避意识，最终会让大多数投资者做出平仓决策，选择落袋为安。

华尔街有一句名言："市场一定会用一切办法来证明，大多数人都是错的。"因此，就像故事中卖桃子的小贩受处置效应的影响，最终还是失去了获利的机会一样，大多数投资者在市场中会因此屡次遭受失败。

日常应用

在日常投资理财实践中，处置效应被认为是一种非理性行为，那么，我们怎样杜绝这种现象的发生呢？

1. 树立科学的投资理念

在投资外汇中，提高投资者对市场的认识，树立科学的投资理念，可以克服外汇投资中的处置效应。其中重点培养投资者判断行情的能力和决心。对于本人盈利的仓位，要有决心坚持和等待。对于出现亏损的仓位，要做出正确的反应和选择。总之，就是要通过科学的投资策略，有效过滤掉市场"噪声"，使获利的投资者不会轻信错误的信号而恐慌出局，使亏损的投资者不会一味恋战，不肯认输。

2. 设置止损点

没什么比设置止损点更好的避免处置效应办法了。止损点就好比投资中的警戒线。在投资外汇时一旦达到止损点，投资者就必须卖出，避免出现更大的损失。

3. 战胜贪婪和恐惧心理

出现处置效应，根本原因是人的贪婪和恐惧心理。只有明白这个道理，在投资外汇时努力平复心态，让自己可以冷静地做出正确理性的选择。通过客观的买卖规则抵消和过滤投资者在市场中无法避免的情绪波动。

第二节 外汇交易五大原则：闯红灯的惩罚

😊 幽默故事

在一个雪夜，德国人凯奇抱着侥幸心理闯了一次红灯，不巧被一个流浪汉看见了。

几天后，他接到保险公司打来的电话："凯奇，你的保费明天开始需要增加1%。"

"为什么？"

"我们刚刚接到交通局的通知，按照公司规定，闯红灯的人是很危险的，所以你的保费要增加。"

正在他气愤不已时，他的太太突然走过来说："老公，银行突然通知我说，我们购房贷款的分期时限从15年改成了10年，因为你闯了红灯！"

🎤 趣味点评

从这个故事可以看出社会原则性的重要。凯奇因为不遵守交通规则闯了红灯，导致他付出了巨大代价。凯奇先是被保险公司告知保费增加，接着银行也改变了他的购房分期。这告诉我们，规则和制度是一个社会运行的根本，每个人必须重视。这不仅体现在日常生活中，外汇交易市场也存在相应的规章制度，这必须引起每个投资者的重视。

投资理财学解读

故事中凯奇的经历告诉我们，如果不遵守一个领域里的特定原则，就一定会为之付出代价。所以投资者一定要谨慎，树立正确的投资理念，遵守市场交易原则。如果想在外汇投资中顺利地获取利益，就一定要遵守以下五大原则。

1. 防控风险原则

外汇投资是高风险的投资活动，投资者必须具有驾驭风险的能力。在外汇交易中，最重要的原则就是防控风险、保住本金、增加收益。同时，用尽一切办法，将损失降到最低。股神巴菲特说过："防控风险是投资的第一原则，只有保住本金，才有未来。"

小红进入外汇投资市场，她告诉自己："我是新手小白，只有把防控风险放在第一位，才能在外汇投资中获益，这是炒外汇的前辈叮嘱我的，我一定铭记心中。"

2. 做好投资准备原则

正所谓不打无准备之仗，投资外汇就像打仗一样，凡事预则立，不预则废，要做到未雨绸缪。打仗要了解敌情、敌我力量对比等，投资外汇就一定要掌握好外汇市场的基本知识，最大程度地学习能够获得的外汇知识。外汇市场知识包括市场结构特征、外汇买卖过程和形式，外汇市场怎样运作、主要外币的特点等。只有充分详尽地掌握这些知识，并且深入理解，彻底掌握外汇市场规律，才能在外汇投资中获得稳定收益。也只有通过学习，获得丰富的外汇投资知识，不断提高自己的投资能力，才能在投资实践中规避风险，做出正确的投资决策。

李丹是外汇投资小白，但她有一个信念，一定要努力学习外汇投资知识，力求能够在外汇投资中获利。

李丹只要有时间就钻研外汇的专业知识，而且她还在炒外汇的论坛里，把别人的经验都逐一记录下来，认真总结吸取他人的经验教训。皇天不负有心人，通过半年多的刻苦学习，李丹终于对于外汇投资有了初步的了解。由于她准备充足，有一定的外汇投资知识储备，很快获得了外汇投资的第一笔收益。

李丹并没有骄傲，她在实战中更是不断地总结经验教训，不断学习，使自己每天都在成长。

3. 身体健康、精力充沛原则

要想在外汇投资市场中获得收益，不仅需要足够的金钱作为本金，更需要好的身体和充沛的精力。我们都知道，外汇市场24小时运作，每时每刻都有外汇交易进行，一天24小时都会有汇市行情需要观察。

这要求投资者具有充沛的精力和健康的身体，否则，就无法做到紧盯外汇市场，时刻关注外汇行情变动。但是，我们并不提倡投资者不分昼夜一直守着外汇市场观察行情。这样下去，多好的身体也会熬不住的。身体健康在投资中也是重中之重，我们不能为了投资而伤害身体健康。投资者一定要切记这一点。只有投资者具有健康的身体和充沛的精力，才能保持头脑清醒，做出正确的决策，从而让投资获得较高的收益。

李大爷自从投资外汇就开始24小时不休息，不分昼夜地盯着电脑看价格走势，生怕自己错过了数据。加上总是处于紧张的心理状态中，李大爷的身体很快就吃不消了。他明显地消瘦了许多，并且出现了精神恍惚。

糟糕的身体状况让他时常出现重大的判断失误，不仅赔了钱，还查出患了严重的心脏病。李大爷后悔地说："炒外汇不能玩命，否则不仅赚不到钱，还丢了健康。倘若把小命丢了，就更得不偿失了！"

4. 理智投资原则

投资者应该善于管理自己的情绪，并且对市场建立科学客观的认识。在投资时，投资者要保持冷静和慎重，要对即将投资的外汇品种进行详细分析，千万不要主观臆断，也不要盲目跟从他人，而是要时刻保持冷静、理智。只有这样才有利于对外汇市场做出理智客观的判断。

小玉说："外汇市场变幻莫测，如果经过分析研究获得的结果，与你的预测背道而驰，你一定不要盲目怀疑自己。如果这时有人与你的判断分析完全相反，他们说的道理又貌似正确，让你的情绪变得波动起来，一旦因为害怕改变了你既定的投资策略，可能就会造成投资损失。本来也许会盈利的产品，结果变成亏损了。"

5. 接受失败原则

这个世界上没有人能保证，他的每次交易都赚钱。所以当你的这次交易失败时，一定要尽快转移注意力到下次交易。要尽快忘掉失败给你带来的不良影响，不能沉浸其中无法自拔，或者伤心难过，心绪不宁。这都会影响你之后的交易。

李威说："我之所以炒外汇炒得还比较好，不是因为我是常胜将军，而是我可以正确面对失败，并且能够很快从失败的情绪中走出来。我在外汇投资中永远保持冷静，不沉溺于任何一笔投资。每笔投资，我都要清空自己。因为一旦有了负面情绪，就会很容易影响我对市场趋势的判断。"

综上所述，这就是投资外汇的五大原则。投资者只有认真遵守这些原则，才可能获得更好的收益。不要如同故事中的凯奇，因为不遵守交通规则闯红灯，结果因此失去保险公司和银行的信任，得不偿失。

日常应用

进行外汇投资，除了要遵守投资外汇的五大原则，我们还应该注意以下几个事项，以确保投资安全，并获得较好的收益。

1. 任何一张单子，都要设置止损点

投资者要保住本金或使损失降到最低，那么在投资外汇的任何一单，都必须设置止损点，这是除了五大原则外最重要的一件事情。及时止损是把损失降到最低，并且实现长期获利最根本的保证。

2. 风险与获利的比例至少是1∶1.5

投资者在下单之前，首先要考虑清楚获利和损失的比例。假如获利空间是4000元，损失的空间是2000元，那么风险和获利的比例为1∶2，这时候才可以实践。

3. 不可以让账户负荷过重

投资外汇是一项具有高额回报同时伴随巨大风险的投资活动。投资者一定要把每次的损失控制在10%以内，这样才能维持长期的投资活动。投资者最忌讳的就是投机。我们要做优秀的长期投资者，而非投机者。

第三节　外汇买卖制胜之道：老板的制胜之道

😊 幽默故事

夫妻二人一起上街去买钢琴。他们看中了一架价格、款式都很满意的钢琴，但是老板告诉他们："这架钢琴必须与一辆汽车共同出售。"

丈夫问："这是为什么？"

老板说："这并没什么奇怪的。当你们中的一位弹琴时，另一位可以开车去外面散心。"

🎙 趣味点评

故事中的老板以为自己深谙人心，他设置了买钢琴的"制胜之道"，那就是捆绑销售，要买钢琴必须同时买一辆汽车。丈夫一问原因，竟是当其中一人弹钢琴时，另一个人受不了的话，可以开车出去散心。这个奇思妙想真是让人哭笑不得。其实，像故事中卖钢琴的老板一样，外汇买卖也有独特的制胜之道。

投资理财学解读

那么，外汇买卖的制胜之道是什么呢？下面我们来详细看一下。

1. 获取更大的利益

投资者要对外汇行情能够判断清楚和准确，然后保持耐心、定力和信心。在此基础上，投资外汇为了获得更大的利益，可以选择利上加利，就是追加投资。

张良为投资外汇，提前做了很长时间的准备。当汇市朝着张良预测的方向发展，并且上升到他心中预测的那个止盈点时，张良说："这时候，我出手就可以获利。但是，如果我不满足这一点利润，想要获得更大的收益，并且坚定汇价还会上涨，这时我可以选择加码，增加投资。"

很显然，张良的决策是为了获得更大的利益。这时，如果行情继续高涨，无疑张良会获得更高的收益。同样，当汇市明显下落时，也可以采用追加技巧。

2. 自动追加技巧

自动追加是指，当汇市比较平稳，没有大的波动时，人们会观察到汇价只在某一轴心两边小幅度摆动。这种情况我们称它为汇市处于盘局。这时投资者可以采用自动追加技巧。

李红购买外汇之前，一直在观察市场。当她发现并确认汇市处于盘局时，便在最高价位卖出，在最低价位买入。李红反复操作这种自动追加的技巧，很快就获得了相当可观的利润。

通过这个案例，我们看出李红的这种操作似乎违背了顺势而作的原则，尽管这种自动追加虽然每次获利不多，但是因为反复操作，收益也会积少成多。因此，李红的获利还是比较可观的。

3. 以攻为守和以守为攻的技巧

当汇市的行情呈现出上下起伏、波动、反复状态时，可以在汇价升到高位时追买，当汇价跌至低位时卖出。这时，你就可以平掉开始入市时的淡仓而套取利润，同时利用高价位入市以平掉前次的追仓获得。这样就可以获取更大的利益，而且减少亏损。我们把这种技巧称为以攻为守和以守为攻的技巧。但是，运用这种技巧必须小心再小心，而且不可以多用。如果汇市趋势不是反复波动，而是单边状况，就不适用这种技巧，如果用了就会产生反作用。

4. 积极求和

投资者如果进入汇市，发现汇市趋势向相反方向运动，就必须保持冷静。只有分析清楚所有出现的情况，才可以做出客观判断，进行交易。这时，一定不可以盲目地做任何决定。

小光是一个投资外汇的积极求和者。他说："如果我经过认真分析，确认汇市已经见底，那么不久就一定会出现反弹，这样我就可以一直追加买下去。"

事实证明小光是正确的。他通过这种积极求和的制胜之道，果然等到了汇价反弹之时，实现了稳定获利。

5. 及时止损

在投资外汇的所有技巧中，没有什么比及时止损更重要。这个技巧是外汇买卖制胜之道的重中之重。当你做外汇交易时，一定要确立好自己可容忍的亏损比例。只有提前设置好止损点，才不至于出现巨额亏损。亏损比例根据账户资金情况，一般都设立在账户资金总额的 3% 到 10%。这就是一道警戒线，一旦亏损额到了这个临界点，无论如何都不可以继续找借口等待行情回转。这种侥幸心理说不定会害得你倾家荡产。

一到止损点，立即止损，即使5分钟后行情真的回转，也不要留恋和惋惜。因为你必须记住，这是一场带有风险的交易。只能你控制交易，绝对不能让交易控制你。

外汇投资前辈告诉王波，炒外汇要想减少风险，一定要设置止损点，而且一旦到了止损点，必须立即平仓。但王波自以为是，他认为自己一直都是很幸运的，说不定幸运之神还会降临在他头上。当他的这笔外汇投资已经开始赔钱时，他却想："再等等，也许行情会有所回转。"

当行情到达之前设置的止损点时，王波并没有平仓。这导致他赔掉了大部分本金。此时，他十分后悔自己没有能够及时止损。

以上是买卖外汇的五种制胜方法。投资者只要仔细研究，领略了这五种制胜方法的精髓，就能在买卖外汇时获得更多的收益。

日常应用

在熟悉了外汇买卖的制胜之道后，我们日常投资外汇时还应掌握以下几种外汇投资技巧。

1. 买涨不买跌

外汇汇率上升时，投资者可以尝试买入，但是千万别在外汇价格最顶峰或者最低点买入。

2. 赢利锁仓

当外汇价格见顶或筑底时，投资者可以锁住仓位。

3.保持观望策略

当市场形势非常不明朗时,投资者一定不可以盲目进行交易,要沉住气,仔细观察市场,保持观望的态度,等待时机。

第四节　外汇保本秘籍：小李的保本之路

😊 幽默故事

小李和小王聊天。

小李神秘兮兮地跟小王说："我发现了一种保本、保收益，而且有机会冲击高额回报的理财产品。"

小王说："那是什么？"

小李："那你得请我吃顿饭。"

小王请小李吃饭后，迫不及待地问："你快告诉我啊！"

小李凑到小王耳边："你存两万元到余额宝，然后用每天的两元收益去买彩票！"

🎤 趣味点评

故事中小李告诉小王，他找到了一项保本、保收益而且有机会冲击高额回报的理财产品，这可把小王给吸引住了。小李要小王请吃饭，然后才能告诉他这个好的理财产品是什么。等小王请小李吃饭后，小李说，那就是存两万元到余额宝，然后用余额宝每天的两元收益去买彩票！这就是小李出奇制胜的保本之路。

两万元存款的利息每天是固定的两元，每天用这两元买彩票，不仅能够保证两万元的本金万无一失，而且买彩票还不一定会亏损，因为买彩票还有机会获得高额回报。这让小王听了哭笑不得。

投资外汇也存在保本秘籍，那么到底是什么呢？

投资理财学解读

看了故事中小李的保本秘籍，搞笑之余我们也要了解一下外汇真正的保本秘籍。要保住炒外汇的本金，我们到底需要遵守哪些基本原则呢？

1. 正视外汇市场

投资者首先要明白，投资外汇就一定存在盈利和亏损，因为外汇市场是高风险、也可能存在高收益的投机市场。因此，冷静地看待外汇市场是炒外汇的一项保本秘籍。投资者在进入外汇市场时一定要摒弃疯狂赚钱的幻想，要做到不感情用事，不盲目期待未来，也不缅怀过去的失败或者成功，这才能冷静地分析外汇市场趋势，准确把握时机，从而稳定获利。

李红是一个爱冒险也爱憧憬未来的人。她看到身边的人都投资外汇赚了钱，她一激动也一头扎进了外汇市场。一进外汇市场，她就紧张得心脏怦怦直跳，没有一天能够安静下来的。她总是希望一夜暴富，而且对亏损耿耿于怀。这些都导致她不能够轻松地应对市场价格的变化。

最终李红因为亏损太多，退出了外汇市场。她说："炒外汇太不稳定了，由于我的心性不行，不能正视市场的变化，天天像坐过山车一样心惊肉跳的，我这种人还是不适合进入外汇市场。"

2. 顺势而为

购买外汇和购买股票具有很大的不同。当汇率上升时，只要在价格没有升到最高点之前，什么时候购买外汇都是对的。同样，当汇率下跌时，只要汇价没有跌到最低点，在任意一点卖出也是正确的。

3. 小户投资者切莫盲目投资

小户投资者最喜欢做的事情，就是盲目跟从旁人的行动，然而，成功的投资者都会避免如此操作。当大部分投资者都处于同一投资位置时，那些小户投资者特别容易纷纷跟进，但是，成功的投资者则会感觉危险而改变线路。杜绝盲从，是小户投资者的外汇保本秘籍。

李娜常说："我作为一个小户，最开始进入外汇市场时什么都不太懂，最擅长的就是跟进其他小户投资者。那时候我比较盲从，吃了很多亏，后来经验多了，我懂了炒外汇一定不能盲目跟从旁人，一定要有自己的思维和市场判断，这些都要靠学习知识和总结经验教训来获得。"

4. 学会斩仓

所谓斩仓，就是为了防止亏损过多，或所持头寸与汇率走势相反时，采取的平仓止损措施。

如果没有斩仓，任何亏损都是名义上的。一旦斩仓，亏损就是现实。因为斩仓会给投资者的心理和精神都造成巨大的压力，所以一旦你具有侥幸心理，想要等待汇率上升，或者不愿意承受亏损，都会影响斩仓的决心，并且很可能导致更大的亏损。

利达说："我就是舍不得，不服输，总想在亏损时再等等，不愿意立马斩仓，结果导致更严重的亏损，真的是得不偿失！看来及时斩仓，确实是炒外汇的保本秘籍！"

5.学会建立头寸

建立头寸指的就是开盘，开盘需要买进一种货币的同时卖出另一种货币。当开盘以后，多头（买进）一种货币，空头（卖出）另一种货币。投资者如果能够熟悉外汇市场规律，准确地分析和判断汇率走势和投资时机，再建立头寸，就容易获得盈利。如果入市的时机很好，获利的机会就会很大。反之，如果入市的时机不对，就很容易造成亏损。

6.学会当机立断

投资外汇的一个保本秘籍就是懂得当机立断。当投资遭受损失时，必须学会当机立断止损。不可具有侥幸心理，切莫犹豫不决。否则，后果就是越陷越深，损失加重。

小明在发现损失时知道自己应该停下来，但他是一个做事犹犹豫豫的人，总是存在侥幸心理，总想着万一汇率又上升怎么办？所以在该止损的时候，他没有当机立断，这导致他的亏损很快翻倍。

7.不可以在赔钱时加码

当你买入或者卖出一种货币后，市价突然向相反的方向急进，这时如果加码，是非常危险的选择。如果市价已经上升一段时间，你买的可能就是一个"顶"。如果越跌你越买，还连续加码，一旦随着市价回升，那么你无疑就会掉进亏损的深渊里。

8.不可孤注一掷

任何投资都不建议孤注一掷地去冒险。投资外汇的保本秘籍最根本的就是，任何时候都不要孤注一掷。就像故事中的小李，他可谓是不孤注一掷的典范，算盘打得稳稳的。要知道，做任何投资，都不可以拿自己所有的积蓄去赌明天，一旦发生重大亏损就会让自己倾家荡产。

李海威的父亲特别不听劝，看到身边的朋友炒外汇赚了钱，就非要学人家炒外汇。他什么都不懂，是一个外汇投资门外汉，却为了面子和一夜暴富的发财梦，把养老金全部用来购买外汇。结果，由于不熟悉外汇市场，第一次投资外汇就赔了个底朝天。他说："我真是哑巴吃黄连，有苦说不出，这下好了，钱没赚到，孤注一掷的后果是养老金都没有了，让我怎么活啊。"

日常应用

知道了外汇投资的保本秘籍，那么日常炒外汇时，我们还需要注意哪些事项，可以保障投资安全呢？

1. 不可以过量交易

如果交易过程中，你的资金并不充足，就会增加投资风险。所以要想成为成功的投资者，其中一条原则就是，保持手头有2到3倍于实际投资金额的资金来应对价位的波动。所以，如果资金不足，一定不可以过量交易。

2. 适当停买停卖

如果你投资外汇时连续出现亏损，这是警告你要停止买卖外汇一段时间。持续亏损表示，你的市场判断力极度不佳。这时，千万要注意，一定要观察自己是否已经不冷静，如果已经头脑发涨，停下来休息一下才是最好的选择。

3. 学会风险控制

投资外汇要保证本金安全，最重要的就是学会风险控制。只有清楚地知道投资外汇是一种高风险的行为，并且随时以控制风险为重，才能够任何时候都能确保本金安全。如果随意地进行外汇买卖，没有注重风险控制，赔钱是意料之中的事情。

第五节　近期偏好效应："傻瓜"顾客

😊 幽默故事

小刚在超市工作。

一位顾客对小刚说："我想买半根莴笋。"

小刚觉得从来没听过这么可笑的事情。他说："我得去请示一下领导。"

小刚径直朝经理走去，并没有意识到那位顾客就跟在他身后。小刚脱口而出："有位傻瓜想买半根莴笋。"

突然，小刚意识到那位顾客正站在自己身后，于是急中生智地说道："这位好心的先生答应买下另外半根。"

🎙 趣味点评

超市工作人员小刚对来买半根莴笋的顾客第一印象非常不好。这位顾客只买半根莴笋，那么，另外半根莴笋怎么办？小刚只好去问经理。小刚根据自己的近期偏好给予那位顾客的评价是"傻瓜"。于是，他告诉经理："有位傻瓜想买半根莴笋。"谁知那位顾客就跟在小刚身后，小刚马上改口为："这位好心的先生答应买下另外半根。"

这个在生活中因为个人近期偏好而发生的评价事件，让人啼笑皆非。那么，投资者的近期偏好对于外汇投资会产生哪些影响呢？

投资理财学解读

近期偏好不仅能让超市工作人员小刚跑到经理那里说顾客是"傻瓜"，更能在投资外汇中反映出丰富的信息。那么，近期偏好是怎样影响外汇投资的呢？

近期偏好是指更重视近期的数据和经验，而忽视了早期的数据和经验。举例来讲：你昨天进行了一笔外汇交易，那么，这笔外汇交易就比上个星期或上一年的交易重要。如果你这两个月投资外汇赔了钱，那么，这个经历就会比之前6个月赚钱的经历更加重要，你就会记住你赔钱这件事情。所以一旦发生一连串不成功的交易，就会导致投资者怀疑自己的投资方法和决策过程。这就是近期偏好对投资者投资决策的负面影响。

这时候，投资者的大脑会有一个近期数据形成的情绪状态，这种状态非常容易影响投资者的决策。首先，这种状态容易让投资者犯错，因为赔钱导致的恐惧很容易引起投资者的近期偏好效应，这种近期偏好引起的消极心态会让投资者对自己失去信心。另外，投资者也容易在近期偏好效应下对近期的决策产生怀疑，进而导致投资者轻易地更换投资策略。

王涛是一名外汇投资者。他进入外汇市场前做了很长时间的准备。他跟有经验的外汇投资专家研究学习了很久，对于投资外汇有了一个比较好的投资策略。

刚开始的时候，王涛是盈利的，但是，最近他投资的外汇都在赔钱。这导致他有些沉不住气了。王涛认为自己一定要总结经验教训，最后得出结论：

这个策略一定是赔钱的。在这种恐惧心理和消极抵触心理的作用下，王涛很快就改变了投资策略，但是他并没有做对选择，最终还是赔得底朝天。

这个案例告诉我们，投资外汇，一定要注意近期偏好效应对投资者决策的影响。我们不能在赔钱或者赚钱的情况下马上就总结一套自以为是的规律。因为这个经验教训并不全面，往往失去了全局性，但是它很容易影响投资者的心态和策略，从而做出错误的选择和行为，导致之前的沉淀和等待，变成竹篮打水一场空。

如果外汇投资专家给你建议的这个投资策略已经实现了盈利，但这个盈利是存在周期性的，那么不能因为近期有了几次赔钱的经历，就认定这个策略不好，这种心态会导致投资者不能够坚持盈利的策略。要知道，盈利的投资策略只有经历过低迷的周期，才会迎来成功的彩虹。

我们接下来再来看一个例子。

近期李曼投资外汇。她购买美元，并在合适的时机卖出，结果屡战屡胜。这让她特别有信心。根据最近的经验，她得出一个结论：炒美元赚钱。有了这个结论，李曼在之后很长一段时间内都会不断地买卖美元。李曼的这种行为就是近期偏好引起的。

李曼可谓春风得意，但她并不总是幸运儿。后来她追加8万美元炒外汇，结果一下子赔了许多本金。李曼这时终于清醒过来，自己炒外汇的决策存在巨大问题。

李曼通过虚心向外汇投资前辈请教和学习，终于明白自己的投资决策受了近期偏好的影响。她没有能够对市场规律和自己的投资决策进行全面总结，只是依据近期赚钱这个结论就一味地加码投资美元。外汇市场的变化反复无常，她不应该盲目自信地以为自己凭借运气就能够成为常胜将军，从而对风险降低了警惕。

李曼明白了自己的缺点后，开始在投资决策时极力规避近期偏好的影响。她认识到，只有理性、客观、全面地分析外汇市场，建立科学的决策体系，才能够获得稳定的收益。接下来的一年里，她通过努力学习，丰富了外汇投资的知识储备后，重新进入了外汇市场。因为能够规避近期偏好的影响，她的这次外汇投资获得了丰厚的收益。

这个案例告诉我们，根据自己的近期偏好做出决策并不可取，这种经验的总结并不客观，也缺乏理智。这种凭借短期的交易行情和结果来判断外汇市场走势的行为，存在巨大的错误。因此，我们在外汇交易中不要盲目地只看一时的盈亏，就用短期结果以偏概全地总结经验，这很可能会导致巨大损失。

日常应用

我们了解了近期偏好对投资外汇的不良影响，那么，我们应该怎样规避近期偏好对投资决策产生的不良影响呢？

1. 坚持写交易日记

交易日记可以帮助投资者的大脑进行逻辑思考。当回顾之前的交易时，就会运用由客观事实得来的信息，而不是根据近期偏好来判断市场趋势，这样通过写交易日记，就会让数据更加客观准确，通过对过去交易数据的整理，可以增强投资信心，而且保持清醒的逻辑思考，这样就能抵消近期偏好对投资决策的不良影响。

2. 控制好情绪，保持内心的平静

不论遇到任何情况，做出任何投资决策，投资者都要始终保持内心的平静。投资者只有控制好自己的情绪，才能够应对外汇市场的风雨变化，从而成功消除近期偏好对投资决策的不良影响。

3. 善于学习和总结经验教训

对于投资外汇来说，只有不断地学习专业知识和外汇投资技巧才是降低风险的王道。只有具有丰富的投资知识和经验的投资者才有可能获得利益，否则不仅难以获利，就连保住本金都很难。投资者一定要善于学习外汇投资知识和善于总结经验教训，这才是投资者最宝贵的财富。

4. 克服恐惧，采用正确思路进行交易

投资者一旦受到近期偏好的影响，就很容易产生恐惧心理。这时候，投资者一定要保持头脑冷静，有意识地克服恐惧心理，不可以忧心忡忡，要坚持正确的投资策略，不要轻易动摇和变换。

第六节 规避外汇风险:需要栏杆吗?

😊 幽默故事

有客户问外汇专家:"风控是什么?"

外汇专家问:"你走过大桥吗?"

客 户:"走过。"

外汇专家问:"桥上有栏杆吗?"

客 户:"有。"

外汇专家问:"那你过桥的时候扶着栏杆吗?"

客 户:"不扶着。"

外汇专家问:"那么,栏杆对你来说没有用了?"

客 户:"那当然有用了,没有栏杆护着,掉下去了怎么办?"

外汇专家说:"可是你并没有扶栏杆啊?"

客 户:"……可是如果没有栏杆,我会害怕!"

🎙 趣味点评

故事中外汇专家和客户的对话精辟地解释了什么是"风控",风控就像桥梁上的栏杆，虽然我们不扶着它走路，但是不能没有它，如果没有就会感到不安和害怕。有了它，就给通行安全多了一份最可靠的保障。这就是风控。这也暗示我们，投资外汇，也要规避风险。无论何时，风控都是至关重要的。

投资理财学解读

投资外汇一定要学会合理有效地规避风险，那么，怎样才能合理有效地规避风险呢？具体应该注意以下几个方面。

1.以闲余资金投资

投资者投资外汇市场，切忌孤注一掷地投入全部身家，只能用闲余资金进行投资。如果动用家庭生活费和养老钱来投资外汇，这是极为不理智的。因为一旦投资出现亏损，就会影响家庭的正常生活，这已经偏离了投资的意义。而且，用家庭生活费进行投资，投资者的心理压力也会很大，这会影响投资者的决策。

小徐最近看别人炒外汇赚了钱，他也想发财。可是他根本没有多余的钱去炒外汇。情急之下他把家里这个月的生活费拿出来去炒外汇。因为动了家里的生活费，家里一时经济受困，小徐的压力特别大。他说："我这就是赌徒心态。赌赢了，家里就有钱花了；赌输了，家里就没钱花了。但是，我的精神压力特别大，在投资决策上并不专心，我有些后悔这么做了。"

2.不在市场不明朗时介入市场

作为投资者，要始终保持客观、理性，一定要懂得不盲目进入外汇市场。尤其是当市场不明朗时，不要着急介入。这时候等待时机才是最好的策略。初入外汇市场者往往热衷于每天入市炒作，但是成功的投资者不会如此。他们一般在入市感觉疑惑时会先行离市，他们外汇交易的原则就是谨慎，绝对不会以赌博的心态入市。

小花作为外汇投资小白,被长辈告知一定要理性、谨慎入市投资。她说:"同行长辈告诉我,外汇市场风险极大,尤其具有杠杆作用的时候,赢利大,亏损也相当危险。所以我一定不可以盲目入市。在市场不明朗时,我不介入市场,等待就是最好的方式。我选择守株待兔,不做一名外汇赌徒。"

3. 认真做好投资计划

有计划,就会减少风险。因此制订好外汇投资计划,是投资者最重要的工作之一。在外汇投资中,如果没有计划,盲目入市,就如同瞎子摸象,很容易出现巨大亏损。

股神巴菲特说:"我可以大谈我的投资哲学,也可以谈论投资策略,但是,我绝对不会谈论我的投资计划,因为那是最重要的商业机密。"由此可见,每个投资者在进入外汇市场之前应该先下功夫分析市场走势,并做好投资计划,这样按部就班地进行投资,就能够避免盲目投资带来的风险,从而获得稳定的收益。

小红说:"我投资外汇,从来不慌张、不恐惧,遇到任何风波我都很镇定,根源是我入市之前就做好了投资计划,因为有整体框架和基本方针在那里指引着我理性投资,所以我的心理素质特别好。而且这样做,外汇投资顺心顺利了很多。"

4. 止损是外汇投资规避风险的重中之重

外汇投资之所以会产生风险,最主要是因为交易过程中市场的波动性和不可预测性。由于交易过程中市场永远没有固定性,这就导致你必须学会规避风险。止损就是控制风险扩大的有效方式,是外汇投资规避风险的重中之重,每个投资外汇的人都必须学会及时止损,才有可能降低风险。

投资老手黄心说:"投资外汇不可以不设止损点。这么多年,我在外汇市场里摸爬滚打,就只有一个原则必须遵守,那就是止损。该止损时,一定要果断,如果抱着侥幸心理不止损,早晚赔得倾家荡产。"

5. 顺势而为

人们常常因为眼前外汇价格的浮动,从而忽略了汇价的上升和下跌趋势。当汇率上升时,价格就会越来越贵,同时,价格越贵,人们就越不敢买。当汇率下降时,价格就会越来越低,价格越低人们就会越觉得便宜。因此,实际交易时大多数人往往会忘记顺势而为,以至于犯了逆势而为的错误。

如果投资者没有耐心,尤其是初入外汇市场的小白,往往在开盘买入或者卖出某种货币时,一见到盈利,就立即想要平仓收钱。但是,投资者这样做往往忽略了长期盈利的时机。因此,有经验的投资者不会这么做。他们会根据自己对汇率走势的判断,重新考虑平盘的时间。一旦预测出市场走势可能会朝着盈利的方向继续走进,他们会沉住气,等待入市的最佳机会,而不是急着赚钱。这种等待,很有可能使他们获得更大的利益。

日常应用

除了知道如何规避外汇交易风险,我们还应该注意哪些事情,可以使外汇交易更加安全?

1. 心态稳定

投资者如果一亏损,心态就变得非常不稳定,这对炒外汇是非常不利的。所以投资者要时刻保持心态的稳定,不要被一时的亏损或者盈利干扰和影响了情绪。投资者只有稳定住心态,才能减少对市场的误判,从而减少亏损。

2. 增强自律性

如果投资者缺乏自律，就不能很好地控制自己的情绪和行为。炒外汇一定要做到自律。投资者只有坚持自己的投资计划，遵守外汇投资的基本原则，控制好自己的情绪，面对种种挫折和诱惑能够冷静地做出判断和决策，才有可能获得稳定的收益。